中国农业科学院附属小学

研究我也行

刘 芳 陈爱红 主编

中国农业科学技术出版社

图书在版编目（CIP）数据

研究·我也行：中国农业科学院附属小学创新性课程实践探索 / 刘芳，陈爱红主编. — 北京：中国农业科学技术出版社，2015.5

ISBN 978-7-5116-2106-1

Ⅰ. ①研… Ⅱ. ①刘… ②陈… Ⅲ. ①课程 – 教学研究—小学 Ⅳ. ① G622.3

中国版本图书馆 CIP 数据核字（2015）第 105243 号

责任编辑 穆玉红 褚 怡
责任校对 李向荣

出 版 中国农业科学技术出版社
北京市中关村南大街 12 号 邮编：100081
电 话 （010）82106626（编辑室）
（010）82109702（发行部） （010）82109709（读者服务部）
传 真 （010）82106626
网 址 http://www.castp.cn
经 销 各地新华书店
印 刷 北京富泰印刷有限责任公司
开 本 787 mm × 1092 mm 1/16
印 张 14
字 数 210 千字
版 次 2015 年 5 月第 1 版 2015 年 5 月第 1 次印刷
定 价 48.00 元

序

不少家长都希望自己的孩子将来成为科学家，许多孩子的理想也都是将来要当科学家。然而我们却发现，不少优秀的孩子最终却没有成为科学家，以至于我们至今仍在想方设法回答钱学森老人之问——为什么我们的学校总是培养不出杰出人才？一块内含玉质的石头，在成为美玉之前是需要经过艰难的雕琢的；同样，具备科学研究潜质的孩子，也需要认真去“雕琢”才能充分显露其才华。《研究·我也行》一书给我们展示的就是这样的一种“雕琢”过程，这种“雕琢”不是被动的施加，而是经过了一个由外而内、由内而外的过程，是一个在学校、老师以及家长共同引导下，孩子们自我认识提升、激发出内在动力的过程。这一过程中，孩子们自己的想法得到充分尊重，孩子们的内在潜力得到充分发挥，而这两点正是科学研究成功的基础和出发点。

《研究·我也行》一书详细介绍了一个个小课题的产生、实施以及分析总结过程，从这一个个生动的事例中，我们看到了孩子们起初的兴奋、遇到困难时的犹豫、遇到挫折时的沮丧，我们也看到了学校的支持、老师的关怀和家长的帮助，我们更看到了孩子们的团结协作和严谨踏实的精神。孩子们最终成功了，喜悦是他们的，也是我们的。经过了这些磨练，孩子们对事物复杂性的认识会有所加深，处理问题会变得更加稳妥，遇到困难也不会轻易退缩，这些都有助于孩子们未来优秀素质的形成，这种素质不仅对科学研究重要，对其他任何工作都很重要。

《研究·我也行》一书告诉我们，科学研究其实并不神秘，只要激发出兴趣和热情，孩子们自己会发现，我们的生活中到处都有科学研究小课题，这就是爱因斯坦所说的“兴趣是最好的老师”。

只要适当地加以引导和鼓励，孩子们的科学思想、科学研究能力就会得到培养和提高。通过这本书，家长们可以了解如何去激发孩子的科学研究兴趣和热情、如何引导孩子正确思考、如何鼓励孩子克服困难；同时，孩子们也可以认识到科学研究原来就在身边，建立起我也能做科学研究的自信，激发出我也想做科学研究的热情，而这正是科学研究的内在动力。

百年树人的过程，浪漫地看是优雅的，长远地看是充满希望的，但现实地看也是艰辛的，这要求我们必须有大的包容和担当。《研究·我也行》一书让我们看到了这种包容和担当，让我们看到了孩子们美好的未来。

教育部长江学者特聘教授
国家杰出青年基金获得者

目录 CONTENTS

这就是科学——
在你未了解它时
它是如此神秘
一旦你开始做了
它又如此简单

这份作业，你做了吗

体育家庭作业对学生体质影响的研究

我们的“超级战队”

梦想成为企业家的我，经常把《嘻游记》中唐三句的经典台词“ITTA”，挂在嘴边。妈妈总是笑我是否真正理解了它的含义。通过小课题的研究，我终于理解了“创意、团队、时机、行动”成功四要素的含义。让我来介绍一下我们的“TEAM”吧。

战队成员：赵竟轩　王嵘锴　许嘉鹏

这就是我们的团队，“热爱运动，健康成长”是我们的口号！

团队领导——“运动健将”赵竟轩

作为这次研究的发起者，除了具有“Idea”外，赵竟轩的运动天分也是“一流”的。三岁时学会了滚轴轮滑，四岁学会了花样滑冰，六岁开始练习跆拳道，并获得红黑带，普通的三个同龄人可是无法把他打倒的哟！二年级入选学校田径队，擅长中跑。四年级入选学校足球队任后卫，2013 年获北京市中小学生足球联赛甲组第六名，现任校足球队队长；2013 年获校羽毛球比赛第二名。2014 年作为班篮球队主力，获得“六年级篮球比赛”冠军。人们常说“体健则心灵”。赵竟轩深受父母严谨治学、热衷科研的影响。从小爱动脑，动手能力强。2013 年 8 月对麦当劳叫板“60 秒”活动进行了调研，获海淀区金鹏科技、创新科技三等奖；2013 年 9 月参加了“千人计划”，在农业大学生命科学学院进行农杆菌转烟草基因的实验研究；2014 年获北京市中小学科技竞赛航空航模一等奖；组织开展了“体育家庭作业对小学生体质影响的研究”小课题获2014年海淀区青少年科技创新大赛、金鹏科技论坛一等奖，北京市二等奖。经过一系列的科研训练，会利用上海公用研发平台、中国知识仓库；书写课题标书；设计课题方案；进行文献检索；运用SPSS21.0进行数据统计。热爱生活，自理能力强。自四年级开始独自参加夏令营、冬令营。在广西巴马、腾格里沙漠、锡林格勒草原等地探访高寿老人、诱捕昆虫、扑杀蝗虫、观鸟种树、夜观天象。会制作标本盒、捕虫网、制作植物、昆虫标本。赵竟轩还是一位“大厨”，他做的红烧肉准让你“垂涎三尺”！

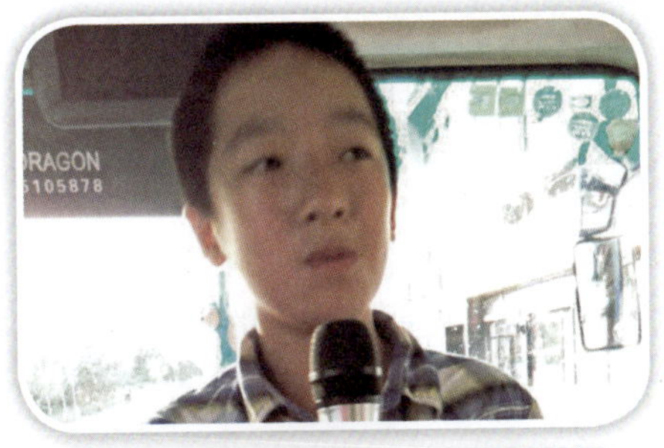

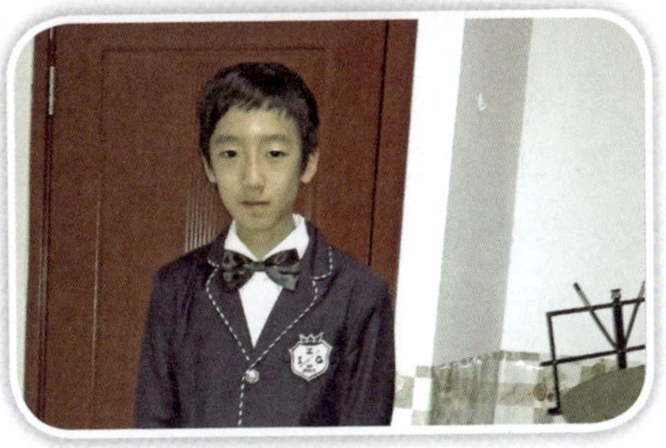

足球之星（赵竟轩）

分析专家——“数学天才”许嘉鹏

凭着对数学的热爱，许嘉鹏同学数学成绩斐然，这个“别人家的孩子”在2012年和2013年，获得走美杯一等奖、“数学解题能力展示”优秀实践奖、学而思杯数学一等奖、高思杯数学一等奖；2014年获得五年级组走美杯二等奖、“数学解题能力展示”优秀实践奖、希望杯三等奖；2014年高思杯数学二等奖、学而思杯数学二等奖。在课题研究中，他的数学天分更是展露无余，理所当然的成了数据的分析专家。他执着科技。积极参加科技活动，勤于动脑。研究的小课题获2014年海淀区青少年科技创新大赛、金鹏科技论坛一等奖，北京市二等奖。许

围棋高手

运动中的我

嘉鹏同学除了数学天分外，对语文也是同样热爱。平时注重积累，阅读了大量文学作品，并于2014年获巨人杯语文一等奖。同时体育、艺术兼顾。2014年获得北京市第十六届学生艺术节校园集体舞一等奖，同年作为班篮球队主力，获年级篮球赛冠军。平时喜欢跑步、游泳，并且是围棋业余三段。相信您一定喜欢活泼、聪明、快乐的中队长！

团队协调者——“动手大王”王嵘锴

从小就把修理工具当作乐趣的王嵘锴，是班里的“动手大王”。2009年12月荣获北京市海淀区中小学生科技竞赛软陶制作比赛一等奖。2014年11月获得第二十三届北京学生科技节——北京市青少年DI创新思维竞赛小学组三等奖，参赛中的很多道具是由他亲手制作的。他热衷科技，积极参与小课题研究。2013年8月对麦当劳叫板“60秒”活动进行了调研，获海淀区金鹏科技、创新科技三等奖，2014年荣获北京市海淀区中小学生金鹏科技论坛海淀区一等奖；第35届北京青少年创新大赛市二等奖、海淀区一等奖。勤奋好学、善于思考，2014年参加了“数学解题能力展示”读者评选活动，荣获优秀实践奖。2014年“数学花园探秘”决赛三等奖，2013年第七届“巨人杯”数学单项三等奖，2014年第八届“巨人杯”数学单项三等奖及综合三等奖，2014年第九届“巨人杯”数学单项三等奖。喜欢体育，积极参加各种体育竞技活动。2012年12月通过万国国际击剑运动中心击剑技术等级考核并获得重剑中级。平时喜欢打篮球和乒乓球及爬山、钓鱼等各种户外运动。性格开朗、稳重的王嵘锴是团队的协调者，正是由于他的忍让与沟通，才使团队顺利完成了课题。

追梦足球

放飞梦想

一、开弓没有回头箭——体育家庭作业的研究过程

忙碌的寒假结束了，一开学我们就投入到课题研究中。我们经过组队、设计、宣传、实施、统计、总结几个阶段。历经8个月，流了汗、流过泪。老师、家长总是用“开弓没有回头箭”来激励我们前行。现将研究过程报告如下。

1．组成超级战队。我们的战队有赵竞轩、王嵘锴和许嘉鹏三个“哥们儿”。赵竞轩、王嵘锴在2013年就一起进行过小课题的研究，是有过合作经历的“战友”。许嘉鹏可是我们的“数学天才”，后来也证明在录入、分析数据方面确实功不可没。谭老师、雷老师是我们的科技老师，她们的点子可多着呢！体育舒老师又为我们邀请了体育组马老师，从更专业的角度为我们进行专业指导。五（8）、五（7）、五（2）班的班主任陈老师、孙老师、肖老师为我们提供了人员保障。至于我们的爸爸、妈妈更不用说了，连许嘉鹏的爷爷奶奶都上阵做了“厨师”。

2．张贴“小广告”。组队容易，但是做事难。为了让同学能够做体育家庭作业。我们设计了“让我们一起完成体育家庭作业”的“小广告”，三人一起到各班张贴。虽然是第一次张贴广告，但是三人一起行动，还是很圆满地完成了任务。同学们还是很配合我们的，我们很快得到了第一批数据。

3．巡回演讲。一个月后，当我们去收集“3月完成情况调查表”时，才发现没有几个人在做这个作业。怎么办？当我们垂头丧气地向妈妈求救时，妈妈建议我们到各班去巡回演讲。从未在全班同学面前讲过话的我们，第一个想法就是那是不可能的！但是“开弓没有回头箭”，如果没有人完成体育家庭作业，那么我们一个寒假和开学之后的一个月的努力就白费了。我们辛苦录入的第一批数据也没用了。硬着头皮，我们只好做了“运动起来，健康自来”的巡回演讲。

4．刻章，招募志愿者。经过我们的巡回演讲，又有一部分同学开始做体育家庭作业了。但是，紧接着第二次测量握力、肱二头肌等的生理指标时，同学的新鲜劲过去了，开始有同学抱怨我们反复测量，耽误时间了。这时妈妈建议我们招募志愿者，并为我们刻了“体育家庭作业课题组”的小圆章。经历了两个月的历练，我们已经不再害怕在人前讲话了。一共有 22 名同学和我们签了“志愿者协议书”。

5. 奖励“优秀者”。以后的日子里，我们又轮流到各班带领大家做一部分体育家庭作业，如举瓶子、蹲起等适合在教室完成的动作。我们自嘲“献演”都不怕了。历时四个月我们终于收集齐了所需要的数据。期末考试期间，我们一边复习一边录入分析重要数据，终于在期末考试的最后一天，根据科学的分析，对按时完成体育家庭作业、体育成绩进步大的同学进行了奖励，颁发了奖状和奖品，这又让我们再一次体会到了小课题带给我们的快乐！

二、课题故事

（一）吃一堑　长一智

我们做的课题里面有着许多故事。今天我就来给大家讲一个这样的故事。

我们终于测量完了！随着我们的测量结束，我们又准备在晚上的会议结束后，多玩会电脑。我们每个人都认为今天阿姨会高兴，会让我们多玩会儿电脑。于是，我们都带着这高兴的笑容参加了会议。

可是，希望多会落空，我们今天的遭遇也不例外。

虽然说我们成功地开完了会，可是在录入数据时，阿姨突然发现赵竟轩的表格不见了，我和王嵘锴都看傻了。于是阿姨把笑脸收回来，立刻露出了愤怒的表情。结果，不但没有玩成游戏，反而被阿姨严肃地批评了一顿，还让我们把第三次测量的所有人的人名抄下来，先写到纸上，再抄到表格上。我们没有办法，只能硬着头皮抄完。

自从这件事后，我们认真录入数据再也没有丢过东西，真是“吃一堑，长一智”呀！

（许嘉鹏）

（二）选题的过程也是不断取舍的过程

2014 年初，在上一届同学的影响之下，我们班的陈老师鼓励大家进行小课题研究。我和赵竟轩的二人小队迎来了许嘉鹏的加入，变成了三人小分队。

我们在 1 月初召开了第一次小组讨论会。这次会议的主要任务就是选题，我们先提出了一些课题，然后把一些选题太大、笼统模糊，解决不了实际问题的课题淘汰了。最后只剩下两个课题了——“小白鼠的营养对自身耐力的研究”和“体育家庭作业对小学生影响及研究”。最后经过大家的一番讨论，我们决定做第二个课题，因为大家认为这个课题比较新颖并且跟教委的要求一致。经过一番努力，最终取得了令人满意的成绩，证明我们的选题是正确的。我们将再接再厉，创造更好的成绩。

（王嵘锴）

（一）相信，就能创造奇迹

当赵竟轩拿着家长信歪头问我“这个作业，我们能坚持做吗？对我们有帮助吗？”的时候，凭着职业的敏感，我觉得可以让孩子尝试着研究一次。孩子很快就被我鼓动了，缠着我教他如何进行课题研究。于是，开始了我们8个月的研究历程。随着课题的开展，我慢慢发现孩子在悄悄地变化着。首先从不善言谈，变得可以侃侃而谈了。我清楚地记得五年级上学期的一次才艺展示的班队活动中，29名同学中只有5名同学始终是观众，其中，就有他们3个。从开始参加活动时孩子的兴高采烈到结束时的垂头丧气，甚至将最后发给他们的小礼品都拒绝了。可见他们在同学当中是多么的平淡无奇。但自从开始了课题研究，为了让大家做体育家庭作业，他们不得不去贴广告、做演讲、发奖品……他们变得爱说了，自信了。尤其是在完成了论文之后，在给全校同学介绍经验之后，他们3个已成了班上的“帅哥、男神”！

他们懂得了“宽容与合作”。刚开始做课题时，3个小家伙脑瓜转得飞快，争着在自己班里先做调查。在家长的干预下，强行让他们3个轮流到三个班去测量和调查。慢慢地，他们发现3个互相鼓励，互相帮助可以很快完成任务。他们很快合作完成了第一阶段的测量和调查。

他们理解了“坚持就是胜利”。对体育家庭作业，小孩子就是“三天热乎”。随着时间的推移，越来越多的同学没有完成作业。他们也开始动摇了，但是看着第一阶段辛苦收集的资料，他们选择了“坚持”。又是贴广告，又是做动员，并以身作则，带领同学完成作业。真正懂得了“一分耕耘，一分收获”。

最后，感谢3个孩子，使我结识了两个好姐妹。三个妈妈，三个姐妹，不分你我，各尽所能，全力帮孩子们完成研究，使孩子们收获了成功！感谢陈爱红老师，在她的协调下3个孩子才能够顺利完成三个班的调查！感谢刘芳校长，在她的努力下，3个孩子才有了到电视台展示的机会！感谢帮助过他们的老师、同学，正是有了大家的帮助，才有了今日的成果，创造了奇迹！

（赵竟轩家长）

（二）干任何事情都要专心

孩子们在做课题的这 8 个月当中经历了许多困难和事情，尤其是这件事情让我作为家长记忆犹新。那是在使用“SPSS 数据统计软件”中的一件事情。一天，孩子们高兴地把测量好的数据拿出来，准备录入电脑，可三个孩子凑在一起也想玩会儿电脑游戏，缓解一下这一段课余时间测量数据的压力。他们看看一堆未录入的数据，又看看游戏的画面，难以割舍，最后决定还是先录入数据，完成后再玩电脑游戏。1 个半小时后数据录入终于完成，他们高兴地玩起游戏。我过来询问录入情况，打开数据，一看——数据没有，忘记存盘了。孩子们傻了，1 个半小时的工作白做了。他们非常懊恼，只能停止游戏，又重新录入一遍。通过此次情况，他们深深地体会到，干任何事情都要专注、认真，不能三心二意。以后，每次再录入数据时都非常认真，而且还互相提醒，是否保存好数据，再也没有出现过类似的事情。

（许嘉鹏家长）

（三）困难像弹簧，你弱它就强

记得那是第二次收集数据，一天下午放学，儿子跟往常一样准时到家，但是一进门就把书包往地上一扔，沮丧地躺在床上。看着情况不对，我急忙走过来问他发生了什么事，好半天时间他才起身，从书包里拿出来几张表甩给我，说：“同学们都不愿意做体育家庭作业，调查表只收上来这么几份，怎么办呀，算了，还是不做了！”等他的情绪稳定后，我跟他说：“男子汉做任何事情要有始有终，遇到困难要想办法解决，不能轻易放弃。你忘了那句名言：困难像弹簧，你弱它就强。在我的劝说下，儿子立刻明朗起来，他决定给赵竟轩和许嘉鹏打电话开一个紧急小组会议，研究一下对策。最终他们在赵竟轩妈妈的启发下，决定先做一张小广告，到各班去贴，招募志愿者，评选成绩优秀者给予奖励。再做一个关于体育锻炼的 PPT，课间到各班去讲演。儿子克服了心理压力，第一次在同学面前展示自己。我真的很感动，同时也为他而骄傲。

经过这一次的考验，儿子懂得了成绩取得来之不易，得到了体魄和意志的

锻炼，更收获了友谊。我想这才是儿子和同学这次研究的真正收获。

感谢陈老师、谭老师、雷老师在孩子们研究过程中精心的指导和帮助，也感谢几位家长共同辛苦的付出。

（王嵘错家长）

世上无难事，只要肯用心。农业科学院附小的几名小学生在日常学习生活中用心思考、初步探索、深入研究了大家都关心但是又往往忽略的体育锻炼对儿童的成长的影响，得出了有益的结论，通过这次的科研组织和论文编撰，锻炼了他们的科研思维，树立了严谨的学风。真是江山代有才人出，自是新人胜旧人。我为祖国的这些新生力量由衷地欢呼。

（点评专家　靳冰）

作为一名医学专家，读完这篇“体育家庭作业对小学生体质影响的研究”的论文时，感叹今天的小学生具有敏锐的观察力，抓到了当今社会的热点问题——健康，并采用了前后对照的方法进行了科学的研究，得出了令人信服的结论。同时我会怀疑：这篇相当于大学毕业论文的文章，是他们独立完成的吗？但是，作为一名研究者的母亲，参与了孩子们的研究全过程之后，确实理解了“给他们时间和空间，孩子就会创造出奇迹！”

（点评专家　王洪霞）

该研究选题独特新颖，以小学生的视角，通对学生“体育”家庭作业完成情况的调查研究，论证了传统上不被家长和学生重视的体育作业的重要性，以及体育作业的完成情况与学生体质状况的统计学关系。这个选题在我国经济社会日益发展，居民膳食结构渐趋改善，同时中小学生肥胖率与体质健康问题日益增多，以及我国学生教育目前主要以学习成绩为评价杠杆的背景下，对儿童养育方式与教育评价标准的反思具有非常现实的意义。

（点评专家　孙君茂）

研究报告

这份“作业”，你做了吗

——体育家庭作业对学生体质影响的研究

中国农业科学院附属小学　赵竞轩　王嵘锴　许嘉鹏
指导老师　谭丞　舒鹏　陈爱红　孙恩渠

一封特殊的家长信引发的思考

——体育家庭作业的研究背景

2014 年 1 月 17 日，我正式放寒假了，像以往一样，我（第一作者）领到了成绩单、寒假作业，但今年不同的是我还领到了一封家长信。这是学校要求家长监督我们完成一项特殊的作业——体育家庭作业的家长信。信的内容大致是：为了养成学生体育锻炼的习惯，海淀区教委体卫中心经过长时间的专家论证和实践研究，从数十项目中选择了部分简便易行、不受器材限制的运动项目进行组合，建立了针对小学生体育家庭作业题库、开发了“体育乐园 365”（www.tyly365.com），从 2014 年 1 月 1 日起试运行，3 月 1 日正式运行，要求我们每天完成体育家庭作业。

当我（第一作者）迫不及待地打开网站：www.tyly365.com。一下子就被欢快的界面所吸引。

体育家庭作业的页面分为首页、我的记录、评分标准、排行榜、设置、登录以及各项运动的图标。点击图标后会出现每项运动的训练作用、运动场地、运动器材、注意事项的介绍。我连忙注册了一个账号（妈妈的邮箱）按说明注册登录后出现提交作业。

第一组：
一分钟仰卧起坐 个
第二组：
两分钟双手体前平举500克水瓶 个
第三组：
30秒蹲起 个
第四组：
课间操 套
第五组：
静止仰撑 秒
提交
注意：每天从五个组当中各任选取一项体育作业来完成，除广播操和跑步两个项目以外的其它体育作业项目，每项作业每天最多可以重复进行两次，以最好一次成绩计算分数。

体育家庭作业分为五组共 12 项。每组活动中选择一项完成。时间限定在 30 分钟内。第一组动作里包含“一分钟仰卧起坐”和“一分钟背肌”2 个作业项目，针对腰腹肌力量进行练习；第二组动作里包含“双手体前平举水瓶”，针对上肢力量进行练习；第三组包括“蹲起”和“十字跳”，主要针对下肢力量和灵敏性进行练习；第四组包括“课间操”“跳短绳”“跑步”三个项目，针对全身各部位肌肉进行锻炼；第五组包括“静止仰撑”“俯卧撑”，主要锻炼上肢力量和腰腹肌力量。我在妈妈的帮助下，分别完成了：一分钟仰卧起坐、两分钟双手前平举 500 克水瓶、30 秒蹲起、俯卧撑。妈妈计算了一下时间大概是 20 分钟。

我按要求输入成绩后，屏幕上出现“今日成绩”。

230 分！！！是高是低呢！？我又迫不及待地点开了排行榜！

年级排行

学区排行/ 学校排行/ 班级排行/ 年级排行/

排名	名字	分数
1	席梓航	1020
2	李嘉轩	987.8
3	邹寿彭	510
4	孙雨辰	504
5	李垂心	494
6	郭浩通	482.1
7	李楚菡	468
8	蔺思佳	422.2
9	李明昭	362
10	刘子昂	342
我的排名：第11名		

我的排名居然是第 11 位，看来我需要每天完成体育家庭作业才能超过其他同学。

在“体育家庭作业”中还有“我的记录”，可以查看自己的运动日历，记录自己的锻炼成绩和成绩曲线。

一个想法闪现在我的脑海。体育家庭作业到底好不好？该做不该做？是如家长信中提到的可以巩固我们体育课上所学习的内容，培养我们自觉进行体育锻炼的习惯吗？我们如何评价体育家庭作业呢？我把这些想法迅速告诉了我的小伙伴：王嵘锴和许嘉鹏，我们 3 个人决定开始对体育家庭作业的实际效果进行探索性研究。

如何进行体育家庭作业的研究

——研究对象、研究方法

我们选好了课题，但却不知道应该从哪些方面下手，就在这时我的主任医师妈妈（中国中医科学院西苑医院）站出来帮助我们。整个寒假，妈妈都利用她的休息时间带领我们使用中国医院数字图书馆（http：//www.chkd.cnki.net）以及百度搜索引擎，查阅相关文献。一天、两天，随着我们查阅的文献越来越多，我们发现各大报纸、新闻网站如北京青年报、千龙网、首都之窗等都相继报道了，北京市海淀区 11 万小学生 2014 年 1 月起开始做体育家庭作业。妈妈建议如果我们能够提供一些生理指标和数据，做个前后对比，那将是拿人做了一次有趣的实验，是首次对体育家庭作业的效果进行了科学的评价。

通过查找医学文献，我们知道了学生的体质包括身体形态、身体功能、身体素质三个方面。身体形态主要是身高、体重、BMI（体重指数）等生理指标；身体功能包括肺活量、握力等生理指标；身体素质是柔韧、耐力、灵活度的评分。面对这些指标，我们一头雾水，怎样才能得到这些东西呢？谁愿意作我们的研究对象呢？

在我们一筹莫展之际，我们想到了我们的老师。班主任陈老师非常支持我们的想法。我们五（8）班肯定是当仁不让的研究对象，同时她建议再选择和我们共用数学、语文老师的五（7）班同学作为我们的研究对象。而且我们两个班位置相邻，两个班同学关系亲密，便于我们进行沟通。她建议我们再找体育老师做指导，这样就更加专业了。我们立刻想到了我们的足球老师——舒老师。在舒老师的帮助下，我们很快确定了舒老师带教的五（2）班也作为我们的研究对象，并从他那里了解到每个学年学校都要按照《国家学生体质健康标准》检测方法与要求，测定学生身高、体重、肺活量、仰卧起坐、50×8 米往返跑、立定跳远，并 ，这些就是对学生的身体形态、身体机能、耐力、柔韧、速度灵巧性进行评分。这样我们就得到了大部分所需的科学数据。

妈妈又提供给我们三件“特殊的工具”，分别是：握力器、皮褶卡尺、皮尺。并很快教会我们如何测量了肱二头肌、肱三头肌、上臂围，计算上臂肌围和 BMI。同时从文献中未检索到有关小学生肱二头肌、肱三头肌、上臂围的测量数据。我们将是首次对此进行测量。这就是科学，在你未了解它时，是如此神秘，一旦你开始做了，它又如此简单。

经过一个寒假的深思熟虑，负责科技的谭老师、雷老师又加入了我们的战队。在各位老师的鼎力相助下，我们确定了研究方法、研究对象和研究路线。

一、对象与方法

（一）对象：农科院附属小学五年级 2 班、7 班、8 班学生共计 88 人，男生 44 人，女生 44 人，平均年龄 11 岁。

（二）方法

1. 调查方法：采用横断面调查，向三个班学生发放“体育活动”调查问卷，以问卷形式调查三个班的学生的课外活动时间。见附表 1。

2. 观察指标：记录 3 个班的同学完成体育家庭作业的情况，每个月调查一次；测定身高、体重、握力、肺活量、肱二、三头肌的厚度，每 2 个月测定 1 次。

3. 评分方法：按照《国家学生体质健康标准》检测方法与要求，测定学生身高、体重、肺活量、仰卧起坐、50 × 8 往返跑、立定跳远，并按照《国家学生体质健康标准小学评分表》评分。对学生的身体形态、身体机能、耐力、柔韧、速度灵巧性进行评分。

4. 测量方法：以握力器、皮褶卡尺、皮尺测量学生的左右手握力，肱二头肌、肱三头肌、上臂围。

（1）皮褶厚度：测试者右手持皮褶钳，左手拇指、食指紧捏并提起受测处皮肤和皮下组织，在距手指 1 厘米处钳夹，钳后 2 秒读数。

a. 肱三头肌皮褶：选择右侧肩峰与尺骨鹰嘴连接的中点为测量点。

b. 肱二头肌皮褶：选择右侧臂弯与肘横纹连线的中点为测量点。

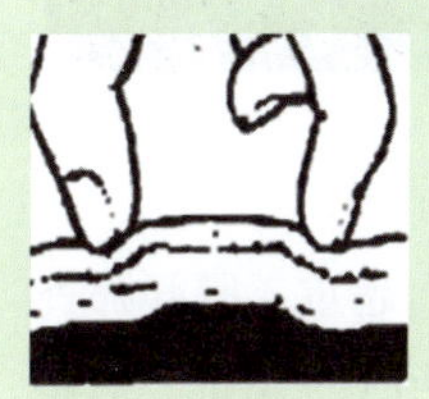

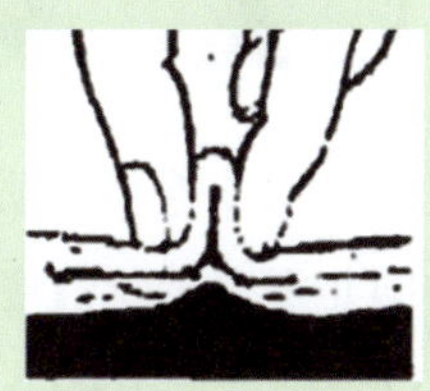

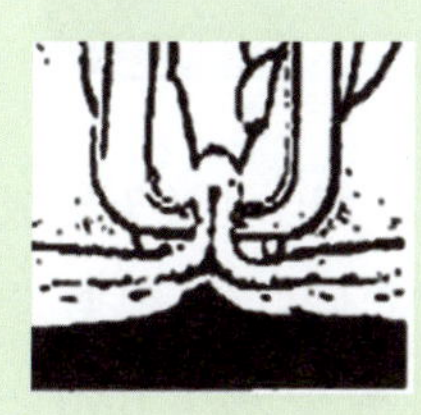

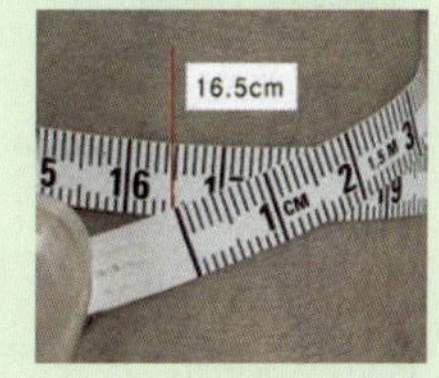

（2）上臂围：采用皮尺测定右侧肩峰与尺骨鹰嘴连线中点周径。

二、研究路线

发放宣传资料，发动同学完成体育家庭作业 → 测量身体形态、身体功能等生理指标 → 发放调查表 → 汇总数据 → 分析数据

我们的结果是什么？

——体育家庭作业对学生体质的影响

在妈妈的帮助下，我们一边搜集数据，一边整理分析结果。每周利用两天的时间来学习 SPSS21.0 统计软件，我们终于学会了使用 SPSS21.0 统计软件。虽然刚开始我们因为马虎，录错过数据，甚至是几天的心血付之东流，但是通过对数据的分析，我们知道了五年级所有同学的平均身高、体重、握力、肺活量等生理数据，学会了绘制精美的图表，这就是科研的魅力，辛苦中得到了快乐！！！现在我们将结果报告如下。

组别	人数	耐力（秒）	柔韧（个）	速度（米）	综合成绩（分）
年级	243	111.39	45.30	1.67	81.54
男生	113	111.61	45.84	1.68	79.07
女生	130	111.19	44.82	1.66	83.73

一、农科附小五年级学生（五年级全体同学）身体素质情况：

1. 五年级学生身体状况：根据“中国儿童青少年消瘦、超重、肥胖筛查 BMI（kg/m^2）分类标准”，男生 BMI > 23.6 为肥胖，BMI > 20.3 为超重，消瘦

BMI < 14.7; 女生 BMI > 23.3 为肥胖，BMI > 21.1 为超重，BMI < 14.6 为消瘦。从表 1 看出全校共有 72 名学生体重不合格，占 29.61%，其中，超重的有 66 人，占 27.15%，男生有 44 人，占全部男生的 38.93%。

表 1　五年级学生身体状况

项目	年级	男生	女生
人数	243	113	130
身高（cm）	149.39	149.23	149.54
体重（kg）	42.78	44.34	41.40
BMI	19.03	19.77	18.38
超重（%）	36（14.81）	23（20.35）	13（10.00）
肥胖（%）	30（12.34）	21（18.58）	9（6.92）
消瘦（%）	6（2.46）	3（2.65）	3（2.30）
肺活量（ml）	2241.22	2307.78	2181.63
肺活量率（ml/kg）	53.57	53.44	53.68

2．五年级学生体育成绩情况：按照《国家学生体质健康标准小学评分表》评定综合成绩。表 2 表明男女生的耐力、柔韧、速度、灵巧方面的成绩无明显差异，但在综合成绩中，女生高于男生，表明男生的体重影响了综合评定成绩。

表 2　五年级学生的体育成绩

组别	人数	耐力（秒）	柔韧（个）	速度（米）	综合成绩（分）
年级	243	111.39	45.30	1.67	81.54
男生	113	111.61	45.84	1.68	79.07
女生	130	111.19	44.82	1.66	83.73

3．五年级学生体育评定情况：表 3 表明在综合评定众男生不及格率明显高于女生，而优秀率低于女生，说明我校应提高男生的身体素质。

表 3　五年级学生体育评定

组别	人数	优秀（%）	良好（%）	及格（%）	不及格（%）	免体（%）
年级	243	60（24.69）	127（52.26）	44（18.10）	9（3.70）	3（1.23）
男生	113	26（23.00）	56（49.55）	23（20.35）	8（7.07）	1（0.84）
女生	130	34（26.15）	71（54.15）	21（16.15）	1（0.76）	2（1.53）

4. 体重与身体素质的关系：表 4 表明除身高外，BMI 越高，体育成绩越差。耐力、柔韧、速度灵巧性方面，超重、肥胖的学生均低于体重正常的学生。肺活量是反映心肺功能的重要指标。肺活量的大小与身高、体重、胸围有密切的关系，故在评价时采用肺活量率来衡量身体的机能。从表 4 看出，肥胖学生的肺活量率最低。

项目	正常	超重	肥胖	消瘦
身高（cm）	148.70	151.83	152.00	142.26
肺活量（ml）	2188.07	2339.13	2504.50	1740.00
肺活量率（ml/kg）	56.94	46.03	25.69	60.68
耐力（秒）	108.04	115.55	110.16	125.33
柔韧（个）	47.25	43.94	39.66	37.60
速度（米）	1.69	1.67	1.68	1.52
综合成绩（分）	85.41	76.33	80.16	66.30

二、五年级（8 班、7 班、2 班）学生体育锻炼时间和身体素质情况

1. 学生参加体育活动情况分析：按照课外运动时间 5~15 分钟、15~30 分钟、30~60 分钟、大于 60 分钟统计，具体情况见表 5 和图 1 三个班学生中只有 26.13% 的学生课外运动时间超过 1 小时。男生中有 34.09% 的学生课外运动时间只有 5~15 分钟，这个比例远高于不运动的女学生。

表 4　不同体重学生的身体状况

项目	正常	超重	肥胖	消瘦
身高（cm）	148.70	151.83	152.00	142.26
肺活量（ml）	2188.07	2339.13	2504.50	1740.00
肺活量率（ml/kg）	56.94	46.03	25.69	60.68
耐力（秒）	108.04	115.55	110.16	125.33
柔韧（个）	47.25	43.94	39.66	37.60
速度（米）	1.69	1.67	1.68	1.52
综合成绩（分）	85.41	76.33	80.16	66.30

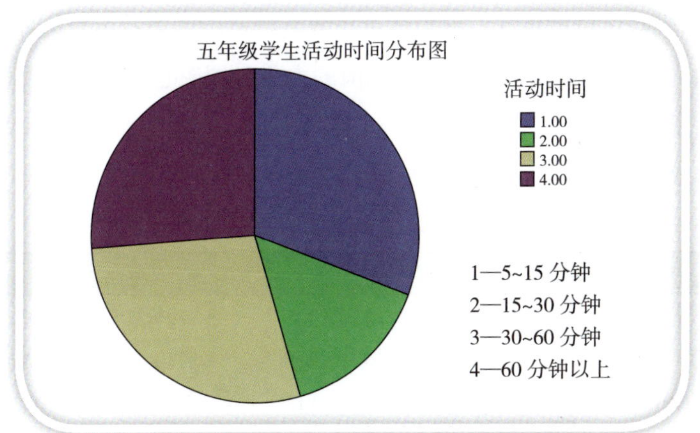

图 1　学生锻炼时间分布图

表 5　五年学生运动时间分布情况

项目	人数	5~15（%）	15~30（%）	30~60（%）	>1（%）
男生	44	15（34.09）	6（13.63）	12（13.63）	11（25.00）
女生	44	12（27.27）	7（15.90）	13（29.54）	12（27.27）
合计	88	27（30.68）	13（14.77）	25（28.40）	23（26.13）

2．学生身体形态分布：皮褶厚度是推断全身脂肪含量、判断皮下脂肪发育情况的一项重要指标。用卡钳测量皮褶厚度最为简单而经济。上臂肌围是评价总体蛋白储存的较可靠的指标。假设上臂为圆筒，上臂骨径不计，测量上臂中点处的围长（arm circumference，AC）和三头肌部皮褶厚度（triceps skin-fold thickness，TSF）。上臂肌围＝上臂围－肱三头肌皮褶 ×3.14。表 6 表明锻炼时间长的学生的身高、体重、BMI 以及肱二头肌和肱三头肌皮褶厚度、上臂围、上臂肌围等指标均高于锻炼时间少的学生。

表 6　五年级学生身体形态分布

项目	5~15 分钟	15~30 分钟	30~60 分钟	>60 分钟
身高（cm）	1.47 ± 0.06	1.48 ± 0.08	1.51 ± 0.06	1.50 ± 0.08
体重（kg）	41.46 ± 12.82	41.26 ± 11.27	43.16 ± 10.29	44.53 ± 11.84
BMI	18.71 ± 4.50	18.71 ± 5.30	19.40 ± 3.14	19.50 ± 3.81
臂围（mm）	208.29 ± 29.50	219.69 ± 26.47	226.29 ± 23.80	229.91 ± 38.19
肱二（mm）	12.25 ± 2.96	12.53 ± 3.09	11.88 ± 3.05	13.34 ± 1.82
肱三（mm）	15.44 ± 3.14	16.00 ± 2.54	15.72 ± 2.40	15.69 ± 1.86
上臂肌围（mm）	159.80 ± 26.39	169.45 ± 24.02	176.18 ± 20.38	180.62 ± 36.93

3．学生身体机能情况：握力体重指数是指肌肉的相对力量，即每公斤体重的握力。主要反映人前臂和手部肌肉的力量，同时也与其他肌群的力量有关，而且还是反映肌肉总体力量的一个很好的指标。表 7 表明锻炼时间长的学生的握力及肺活量均高于锻炼时间短的学生。

表 7　五年级学生身体机能情况

项目	5~15 分钟	15~30 分钟	30~60 分钟	>60 分钟
左握力（kg）	14.91 ± 3.23	15.13 ± 4.09	16.56 ± 3.28	16.21 ± 2.99
右握力（kg）	16.33 ± 3.60	16.59 ± 3.21	16.73 ± 2.75	18.30 ± 3.97
左握力指数	0.37 ± 0.09	0.38 ± 0.12	0.38 ± 0.07	0.37 ± 0.08
右握力指数	0.41 ± 0.10	0.39 ± 0.89	0.39 ± 0.89	0.42 ± 0.96
肺活量（ml）	2189.72 ± 274.70	2140.84 ± 381.04	2315.36 ± 428.12	2387.45 ± 502.58
肺活量指数（ml/kg）	54.63 ± 12.83	54.17 ± 11.53	53.07 ± 9.50	54.89 ± 9.80

4．学生体育成绩分布：分别以 50 × 8 往返跑、仰卧起坐、立定跳远的成绩测试学生的耐力、柔韧和速度灵巧性，并按照《国家学生体质健康标准小学评分表》评定综合成绩。表 8 表明锻炼时间长的学生的耐力、柔韧、速度及综合成绩均高于锻炼时间短的学生。说明锻炼时间长的学生的体质强于锻炼时间短的学生。

表 8　五年级学生体育成绩

项目	5~15 分钟	15~30 分钟	30~60 分钟	>60 分钟
耐力	115 ± 10.8	115 ± 6.5	115 ± 13.2	111 ± 13.8
柔韧	41.84 ± 7.76	40.46 ± 9.30	46.64 ± 11.55	46.81 ± 11.54
速度	1.65 ± 0.16	1.65 ± 0.17	1.67 ± 0.12	1.68 ± 0.14
综合	79.92 ± 10.45	79.53 ± 11.08	82.20 ± 8.51	83.17 ± 9.35

注：耐力单位为秒，柔韧单位为个，速度单位为米，综合成绩分。

5．学生评定情况：按照《国家学生体质健康标准小学评分表》评定出优秀、良好、合格和不合格四个等级，从表 9 可看出体育成绩优秀的学生的锻炼时间每天大多在 30 分钟以上。而不合格的学生几乎每天没有锻炼。

表 9　五年级学生评定情况

项目	人数	5~15 分钟	15~30 分钟	30~60 分钟	>60 分钟
优秀	21	4（19.04）	1（4.16）	7（33.33）	9（42.85）
良好	38	14（36.84）	1（2.63）	13（34.21）	10（26.31）
合格	25	7（12.5）	9（37.5）	5（29.16）	4（20.83）

续表

项目	人数	5~15 分钟	15~30 分钟	30~60 分钟	>60 分钟
不合格	4	2（83.33）	2（16.67）	0（0）	0（0）
合计	88	27（29.21）	13（13.48）	25（30.33）	23（26.96）

6．肥胖学生运动时间：肥胖学生缺乏运动，表 10 显示三个班共有 10 人肥胖，10 人中有一半学生几乎没有课外锻炼。其中，6 名男生中就有 4 人每天仅有 5~15 分钟的锻炼。

表 10　肥胖学生运动时间

项目	人数	5~15 分钟	15~30 分钟	30~60 分钟	>60 分钟
男生	6	4	0	1	1
女生	4	1	0	1	2

三、体育家庭作业对小学生（8 班、7 班、2 班）身体体质的影响

1．体育家庭作业完成情况：88 名同学中，有 44 名同学从未完成过体育家庭作业，余下的 44 名同学中仅 15 名同学 4 个月中坚持了 60 天以上，即一个月中至少有 15 天坚持完成了作业，这其中有 7 名同学达 100 天以上。有 5 名同学坚持了 40 天以上，平均每个月有 10 天完成了作业。见图 2。

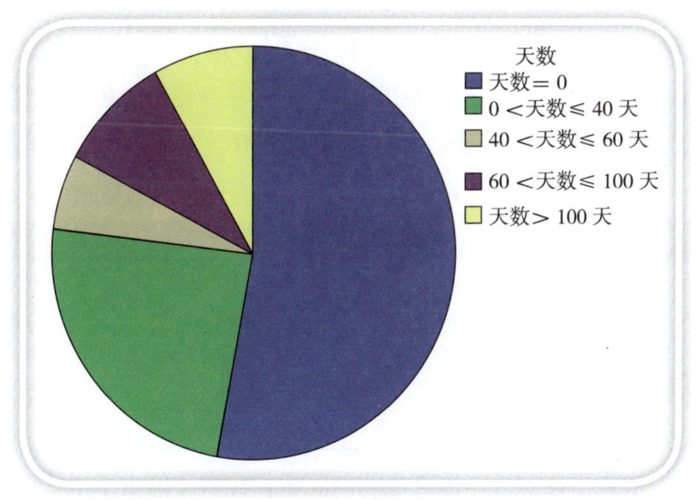

图 2　学生完成体育家庭作业分布图

2．体育家庭作业对对身体形态的影响：按学生完成体育家庭作业的况分为完成作业 60 天组，完成 100 天组和完成 0 天组，将体育家庭作业实施前的

身高、体重以及前后的身高差、体重差、上臂围差、肱二头肌皮褶厚度差、肱三头肌皮褶厚度差、上臂肌围差的平均值进行比较，具体情况见表 11。上述这些指标反映了学生身体形态在 2014 年 3 月到 6 月这 4 个月内的变化。表 1 表明，坚持完成体育家庭作业的学生的身高、体重低于未完成作业的学生，但是经过 4 个月的锻炼，坚持锻炼的学生的身高、体重的增长均超过了未进行锻炼的学生。上臂肌围反映了学生上臂的肌肉含量，上臂围反映了学生的上臂的粗壮程度，坚持锻炼的学生的这两项指标增长均高于未锻炼的学生。

表 11　体育家庭作业对学生身体形态的影响

项目	完成 0 天	完成 60 天	完成 100 天
身高（cm）	150.87	146.30	143.58
体重（kg）	45.46	36.96	36.30
身高差（cm）	3.90	4.51	5.54
体重差（kg）	1.46	2.41	2.35
上臂围差（cm）	6.35	15.73	11.69
肱二头肌差（mm）	2.13	0.93	0.13
肱三头肌差（mm）	0.61	1.12	0.95
上臂肌围差（mm）	5.92	14.72	10.44

3．体育家庭作业对学生身体机能的影响：将体育家庭作业实施前的左手握力、右手握力重以及前后的左手握力查、右手握力差、肺活量查的平均值进行比较，具体情况见表 12。上述这些指标反映了学生身体机能在 2014 年 3 月到 6 月这 4 个月内的变化。经过比较，体育家庭作业对学生的身体机能影响不大。

表 12　体育家庭作业对学生身体机能的影响

项目	完成 0 天	完成 60 天	完成 100 天
左握力（kg）	15.32	14.23	14.64
右握力（kg）	16.62	15.81	15.80
左握力差（kg）	1.19	1.53	-0.01
右握力差（kg）	2.14	1.56	2.07
肺活量差（ml）	195.19	26.87	83.00

4．体育家庭作业对学生体育成绩的影响：按照《国家学生体质健康标准小学评分表》，分别以仰卧起坐、立定跳远、50 米 ×8 往返跑反映学生的速度、柔韧和耐力素质，三个组在 4 个月后的成绩提高程度见表 13。经过 4 个月的锻炼，坚持锻炼的同学在速度、柔韧以及综合方面的成绩提高均高于其他同学。

表 13　体育家庭作业对学生体育成绩的影响

项目	完成 0 天	完成 60 天	完成 100 天
速度成绩差	5.60	11.00	12.14
柔韧成绩差	2.40	2.60	3.14
耐力成绩差	2.70	3.50	1.00
综合成绩差	3.40	3.50	1.20

四、体育家庭作业完成情况

1. 学生、家长对体育家庭作业的了解情况：学生及家长对体育家庭作业的了解程度以及愿意完成情况见表 14，有 75% 以上的学生和家长了解体育家庭作业的目的和意义，90% 以上的学生和家长愿意完成这份作业。

表 14　学生、家长对体育家庭作业的了解、愿意情况

人员	了解人数	构成比（%）	愿意人数	构成比（%）
学生（88）	66	75.00	83	94.31
家长（88）	67	76.13	87	98.86

2. 体育家庭作业的必要性：采用问卷形式，将家长认为做体育家庭作业的必要性分为没有必要、有必要、很有必要和无所谓 4 个级别，仅 1 名家长认为没有必要，35 名家长认为有必要，43 名家长认为很有必要，无所谓的家长有 9 名，也就是有 88.63% 的家长认为有必要完成体育家庭作业。见图 3。

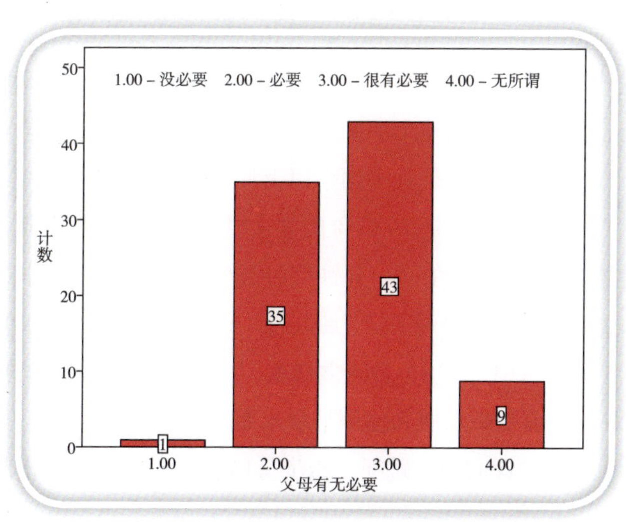

图 3　体育家庭作业必要性分布图

3．学生对体育家庭作业的评价：共收到62份问卷，共有42名同学对体育家庭作业给予正面评价，占67.75%，其中，7名同学认为体育家庭作业具有新颖、吸引人、实用这三方面特点，7名同学认为有其中两方面特点，9名同学认为新颖，18名同学认为实用，1名同学认为吸引人。14人认为枯燥，5人认为不实用，1人同时认为既枯燥又不实用，占32.25%。

4．体育家庭作业完成情况：88名同学中，有44名同学从未完成过体育家庭作业，余下的44名同学中仅15名同学4个月中坚持了60天以上，即一个月中至少有15天坚持完成了作业，这其中有7名同学达100天以上。有5名同学坚持了40天以上，平均每个月有10天完成了作业。见图4。

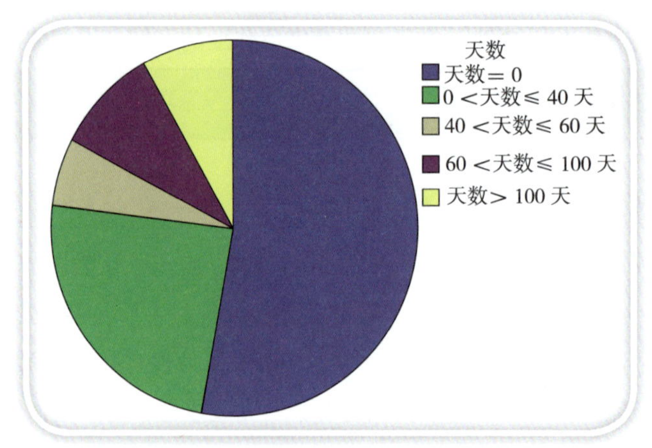

图4　学生完成体育家庭作业分布图

5．未完成体育家庭作业的原因：共收到问卷62份，在没时间、怕累、不能坚持、忘记做、不想做这几个原因中16人选择没时间，2名同学不能坚持，2名同学忘了做，其余同学是其中两个以上原因，又有33名同学在两个以上原因中选择了没时间，也就是79.03%的学生没时间完成体育作业。

6．学生喜欢的项目：在“一分钟仰卧起坐和背肌”“双手体前平举水瓶和体侧平举水瓶”“蹲起和十字跳”“课间操、跳绳、跑步”“静止仰撑、俯撑、俯卧撑”这5个项目中，有35名同学喜欢“一分钟仰卧起坐和背肌”，10名学生“喜欢双手体前平举水瓶和体侧平举水瓶”，18名学生喜欢“蹲起和十字跳”，58名学生喜欢“课间操、跳绳、跑步”，18名同学喜欢“静止仰撑、俯撑、俯卧撑”。

经过组队、选题、设计、实施、统计、总结几个阶段和 8 个月的努力，我们终于完成了课题。在这 8 个月中，科研给我们的不再是神秘，而是辛苦和付出。在比较分析过程中，我们得出如下结论。

一、我们的身体状况和体育成绩差，我们需要体育锻炼

1. 我们越来越胖。这些年，我们的生活越来越好，因而，我们越来越胖。我们的研究也显示了这一点。我校五年级近 1/3 的学生体重超重，其中，又有 41.67% 的学生肥胖。尤其是男生的肥胖率达 38.93%。而北京市 2010 年中小学生超重、肥胖检出率分别为 12.49% 和 9.52%。显然我们学校小胖子有些多。虽然小胖子们的身高更高，但也更胖。说明我们的父母只注重我们长高了，而没有意识到我们也长胖了。我们查阅文献发现北京市中小学生肥胖发生高峰均在 12 岁。特别提醒家长和老师在增加我们的营养的同时，加强体育锻炼。力争在我们肥胖高峰到来前，将我们的体重降低。

2. 小胖子的体育成绩差。我们发现超重和肥胖的同学的耐力、柔韧、速度、灵巧方面均低于体重正常的同学。体育舒老师告诉我们立定跳远测试主要反映了学生的速度与力量相结合的能力；仰卧起坐是身体柔韧性的体现，反映了关节、肌肉、肌腱和韧带的伸展能力。耐力等级的测试可以反映人体在定量负荷下的机能水平。而这些测定是体质的强弱的最基本体现。小胖子们虽然身体高，却体质差。而且身体高是表面现象，容易掩盖体质差的事实。更应引起老师和家长的重视。

小学阶段是我们打好身体基础的时期，通过积极的锻炼，可以提高我们的体质，培养我们亲近体育运动的各种基本能力。因此，此次研究显示我们应该增加体育运动，让我们达到健康水平。我们需要体育锻炼！

二、体育锻炼可以改变学生体质

1．小胖子们不爱锻炼。我们的研究发现我们三个班学生锻炼时间超过 1 小时的达到 26.13%，略高于 2010 年中国学生体质与健康调研结果显示的 22.7%。50% 的小胖子每天仅有 5 到 15 分钟的课外体育锻炼，其中，男生运动时间超过 1 小时的仅有 25%，却有 34.09% 的男生运动时间仅有 5~15 分钟。说明男生的体育锻炼时间较少，尤其是胖子男生的锻炼时间少，应当引起学校和家长的重视。

2．经常锻炼的同学更“帅”。医生妈妈告诉我们体育锻炼可以改善骨的血液供应，使骨头得到充分的营养物质，能促进骨的生长，使骨增长、增粗，骨质量增加，促进学生长高。因此，经常参加体育运动的小学生的身高会普遍高于不经常参加体育活动的同龄人。我们的研究也表明锻炼时间长的学生的身高、体重、BMI 以及肱二头肌和肱三头肌皮褶厚度、上臂围、上臂肌围等指标均高于锻炼时间少的学生。说明经常锻炼的同学“高、大、帅”。但是 2010 年北京市海淀区 11 岁学生的平均身高是 152 厘米，男生的体重为 47.24 千克，女生为 41.22 千克。而我们三个班同学的平均身高、体重均低于海淀区平均水平。提示我们学校应当加强学生的体育锻炼，保证我们每天锻炼 1 小时。

3．经常锻炼的同学更强壮。医学杂志上告诉我们，体育锻炼促进心肺功能和运动系统（包括神经、骨骼和肌肉）的发育，提高身体机能。小学生在 8 ~ 9 岁时开始进入肺活量快速增长时期，经常参加体育运动，可有效提高肺活量水平，增强最大吸氧量，提高氧利用率。而力量又是运动的基础，其中握力体重指数主要反映前臂和手部肌肉力量，同时也与全身肌肉总体力量密切相关。我们的研究表明反映，身体机能的肺活量和握力体重指数随着学生运动时间的增加而增加，加强体育运动时间可以提高学生的身体机能，经常锻炼的同学更强壮。

4．经常锻炼的同学，身体素质更好。体育锻炼可以促进学生身体素质的发展。我们的研究表明体育锻炼时间长的同学，无论在速度、耐力、柔韧以及灵巧性方面均超过体育锻炼时间少的同学。身体素质好，在成绩评定中的优秀率高。

体育锻炼不仅可以强壮我们体质，还可以磨练意志，做到“少年强，则国强”！体育锻炼可以改变我们的体质！

三、体育家庭作业可以锻炼我们的体质

2012 年，全市中小学生视力不良检出率达到 62.14%，肥胖检出率达到

20.74%。为了从小抓紧体育锻炼，海淀区决定，从 2014 年 1 月 1 日起，给全区的小学生留“体育家庭作业”。仰卧起坐、俯卧撑、跳绳等十几项简单易操作的项目都作为家庭作业的内容供学生选择。当学生进入 www.tyly365.com 就会被欢快的界面吸引，5 个项目被专家精心编制，每一项用时不超过 2 分钟，却对学生的身体形态、身体机能、身体素质产生了积极影响。

1．体育家庭作业使“豆芽菜”变成“高大帅”。经过我们的比较，坚持完成作业的同学在完成作业前的平均身高、体重、上臂肌围均低于不完成作业的同学，说明“豆芽菜”更重视体育家庭作业。结果也是“功夫不负有心人”，完成作业的同学的身高、体重、上臂肌围的增加速度均超过了未完成作业的同学。每个月至少锻炼 25 天的同学，经过 4 个月不懈的锻炼，身高与未完成作业的同学相比平均多长 1.64 厘米。医学书上说：上臂肌围的测量是通过测量皮下脂肪来反映儿童少年营养状况的方法之一，因简单经济而被广泛应用，是对目前采用的身高、体重评价营养状况方法的一个较好的补充，反映了学生的营养状况。体育运动时血液循环加速，使肌肉获得更多的营养物质，使肌纤维增粗，体积增加，获得良好的身体形态。在体育家庭作业中举瓶子、俯卧撑和静止仰撑均可锻炼上臂肌肉的力量。完成举瓶子仅需两分钟，而俯卧撑和静止仰撑二选一仅需 1 分钟，但是如果我们每天锻炼这 3 分钟，从我们的研究看却可使上臂肌围大大增加，使我们的身体形态更趋于“高、大、帅”。

2．体育家庭作业提高了我们的体育成绩。从我们的数据中可以看出，坚持完成体育家庭作业的学生的耐力成绩、柔韧成绩、速度成绩以及综合成绩的提高均高于未做作业的学生。尤其是耐力成绩的提高更明显。我们的研究表明体育家庭作业可以提高我们的体育成绩。

在报纸上我们看到：早在 2007 年，四川省成都市青羊区的中小学生就开始完成“体育家庭作业”。内容为跳 1 分钟绳，做 100 个仰卧起坐，踢 100 下毽子，男生跑 1 000 米，女生跑 800 米，由家长协助监督完成。该区小学六年级学生体质调研结果显示，学生的身体形态发育水平、肺活量指数、爆发能力、柔韧素质等都有了明显提高。海淀区的体育家庭作业与青羊区的家庭作业相比，运动的时间和强度都少，但是也可提高我们的身体体质。说明体育家庭作业可以改变我们的体质，我们有必要完成体育家庭作业！

四、体育家庭作业，很多同学没有完成

从报纸和杂志上我们了解到：海淀区的体育家庭作业的模式是全国首创。一个学期过去了，我们完成了吗？ 我们的研究表明 90% 以上的学生和家长都认识到体育家庭作业的重要性，认为有必要完成体育家庭作业。并且达 50% 以上的家长认为很有必要。然而学生做了吗？没有！仅有 17% 的学生坚持每个月做 15 天体育家庭作业。50% 的学生一天作业也没做。为了让同学们了解体育家庭作业，参与完成作业。开学之初，我们向 2 班、7 班、8 班发放了“一起完成体育家庭作业”的广告宣传单。两个月后我们发现只有很少的同学在做这项作业，我们又分别到个班进行“运动起来，健康自来”的演讲，并招募志愿者来完成体育家庭作业。但仍然没有效果，我们又找到班主任，带领我们利用下课时间做体育家庭作业，但也只坚持了一个月。我们有“口算天天练”“英语天天练”“语文天天练”，为什么没有“体育天天练”？这是一个值得我们深思的问题。是对体育家庭作业内容、形式不了解吗？75% 以上的家长和学生是了解的。是体育家庭作业不新颖、不实用吗？也不是，67% 的学生给予了它正面评价。它占用很多时间吗？举瓶子只要 2 分钟，仰卧起坐 1 分钟，蹲起仅用 30 秒。全部做完 5 个项目仅需十几分钟。但是不做体育家庭作业的原因中，79% 的学生没有时间完成。我们的时间哪去了？李季在广州的调查中显示小学生课余经常的活动依次为：做作业或复习功课 55.4%；看电视 15.8%；阅读课外书刊 10.5%；参加体育运动 8.4%。我们的家长都不希望我们输在“起跑线”上，但是，却很可能输在生命的终点上。我们很多人没有完成体育家庭作业！

五、健身器材不足，只能选择体育家庭作业

现在很多社区配建了社区健身器材，称之为“全民健身工程”。但是，“全民健身工程”的使用现状和管理存在着一些问题。通过对海淀区社区健身器材的调查，简单分类为 21 种。看似很多，但分到每个社区里仅有 4～5 种。可以说社区的健身器材还是比较单一，人们能选择的项目太少。设备和种类缺乏，现有器材完全满足不了社区群众的健身需求。许多器材损坏严重，长时间失修，很多器材存在安全隐患。在有健身器材的社区中，居民认为够用和基本够用的仅有 37%，另 63% 认为没有或太少。

我们小课题研究小组来到北下关街道办事处，在这里我们询问了刘主任，

得知北下关约有16万人，仅有51处健身场所，分部在31个社区。虽然每个社区都至少有1个健身处，但是如果将这16万人分配到51个健身处，那么平均每个健身处有3333人。这样我们小学生根本没有地方锻炼。同时由于很多器材存在安全隐患，小学生的人身安全受到威胁，因此不占用场地，节约时间的锻炼，只有体育家庭作业一个选择。

六、对体育家庭作业的建议

历时半年，我们完成了对体育家庭作业的效果评价，在进行研究中我们发现体育家庭作业很难完成，现提出我们的建议，仅供学校、老师、家长参考。

1. 学校应当重视这项作业。自从我们收到学校的家长信后，学校就再也没有就体育家庭作业完成情况进行过追踪。2014年开学后的第二周我们发放“大家一起来做体育家庭作业”的宣传单时，很多同学都不知道有这项作业。在随后的几个月时间里，虽然我们又进行了“运动起来，健康自来”的演讲，但没有效果。我们感到以我们的力量呼吁大家完成体育家庭作业，几乎很难让同学们去完成作业，但是如果以学校的力量去要求学生去完成，肯定效果好。因此学校应当重视体育家庭作业，督促我们完成这项作业。

2. 班主任应当把体育作业放在与数学、英语、语文同等的地位。众所周知，每个小学生自上学之日起都有一个记事本，老师布置的作业都要写在记事本上，并让家长签字。体育家庭作业也可效仿语数英作业，记在记事本上，以便家长监督我们完成。

3. 家长重视。每位家长都很关心孩子的健康成长，从我们的研究中也能发现大多数家长还是认可体育家庭作业的，那么就请家长把体育家庭作业看作孩子每天的必修作业，做好监督工作。如果能同孩子一起锻炼，将促进全民体质的发展。

4. 学生重视。作为家庭作业的主体—学生，也应像完成数学、语文、英语作业一样，认真完成体育家庭作业。更何况，这项作业新颖、实用、吸引我们，比完成数学、语文、英语简单，占时短，只要几分钟。在你学累时，你可以举举水瓶，也可以练练蹲起，还可以做做俯卧撑……

这些活动不仅可以让我们的大脑休息，还可以强健我们的体魄。让我们运动起来吧！

我们经历8个月，流了汗，流过泪，动了脑，对课题进行了深入研究，我们的创新在于：

1. 首次对体育家庭作业的效果进行了科学的评价。为了养成学生体育锻炼的习惯，海淀区教委体卫中心经过长时间的专家论证和实践研究，从数十项项目中选择了部分简便易行、不受器材限制的运动项目进行组合，建立了针对小学生体育家庭作业题库、开发了“体育乐园365”（www.tyly365.com），从2014年1月1日起试运行，3月1日正式运行，要求我们每天完成体育家庭作业。此举为全国首创。2013年12月至2014年1月各大报纸、新闻网站如北京青年报、千龙网、首都之窗等都相继做了报道，北京海淀11万小学生2014年1月起开始做体育家庭作业。我们经历了8个月的努力，采用前后自身对照的方法，借助科学仪器，用学生生理指标的变化，首次从学生身体形态、身体机能、身体素质三个方面研究了“体育家庭作业”对学生体质的影响，为“体育家庭作业”的推广提供了科学依据。

2. 首次对体育家庭作业的支持情况进行了多方调查。在2014年寒假前夕，对体育家庭作业的评价仅有一个100人的小规模调研，也仅限于家长。这次我们不仅调查了家长，而且调查了学生的意见，结论更全面。提出了“体育家庭作业”应得到学校、家长、老师、学生多方面的重视。

收获与展望

带着对科研的梦想，我们第一次接触了体育家庭作业这个课题。为了完成这项课题，我们经过组队、选题、设计、实施、统计、总结几个阶段。经过8个月的努力，我们终于完成了课题。在这8个月中，科研给我们的不再是神秘，而是辛苦和付出。锻炼了我们的科研能力。我们学会了查阅文献、设计课题路线、撰写论文，学会了使用SPSS统计软件。在这8个月中，测量使我们结交了更多的朋友，照片给我们留下了最美好的记忆。我们收获了同学之间的友谊。在这8个月中，离不开老师对我们的倾心指导，全班同学在老师的带领下，一起举瓶子，一起做蹲起的景象，可能只能在农科附小看到。在这8个月中，妈妈们不仅要为我们检查语数英作业，还要监督体育作业，更重要的是在课题方面也各自发挥特长，帮助我们完成课题，真正体会到这是个“拼妈的时代”。在这8个月中，我们吵过、闹过，但我们从没有放弃过，收获到真正的友谊。明年我们还要组队，并招募志愿者，对体育家庭作业进行更加深入的研究，探讨体育作业对不同年龄，不同性别，不同性格学生的身体素质的影响，研究如何使体育家庭作业保质保量完成，同时做好宣传工作，推动体育家庭作业在我校的开展。

附录：

1. 广告词

让我们一起完成体育家庭作业
3 月 1 日请登录体育乐园 365 天 www.tyly365.com

2. 招募志愿者

招募志愿者

亲爱的同学们：

为配合海淀区教委体育教育中心研发的“海淀区体育家庭作业”的推广，并对其有效性进行研究，现在在五年级同学中招募志愿者，历时两个月，条件如下。

（1）身体健康并自愿自觉完成体育家庭作业。

（2）坚持完成体育家庭作业，每个月中至少有二十天完成所要求的项目。

（3）认真如实填写调查记录表。

（4）配合完成握力、肱二、肱三头肌的测量。

所有志愿者都将签订“志愿协议书”，每个志愿者在每个月月末交“体育家庭作业表”后，均将获得精美礼品一份，每个月末我们将评选出 5 名“体育明星”颁发奖品。有意者请与五（8）班：赵竟轩、王荣锴和许嘉鹏联系！

3. 志愿者协议书

志愿协议书

甲方：

乙方：体育家庭作业项目组

甲方自愿完成体育家庭作业，保证坚持完成体育家庭作业，每个月中至少有二十天完成所要求的项目；认真如实填写调查记录表；配合完成握力、肱二、肱三头肌的测量。

乙方保证不强迫甲方完成体育家庭作业，保证保护甲方隐私，保证无论甲方完成质量如何，不影响甲方体育成绩。

甲方：　　　　　　　　　　乙方

日期：　　　　　　　　　　日期：

4. 调查表

附表（1）

农科附小体育活动调查问卷

姓名	性别	年龄
你放学后经常参加体育活动吗？是 □否□		
你每天放学后活动多长时间？ 时间：5-15 分钟□ 15-20 分钟□ 20-30 分钟□≥一小时□		
你参加什么项目？ 一分钟仰卧起坐和背肌□ 双手体前平举水瓶和体侧平举水瓶□ 蹲起和十字跳□课间操、跳绳、跑步□静止仰撑、俯撑、俯卧撑□		
你了解体育家庭作业吗？ 了解□ 不了解□		
你愿意完成体育家庭作业吗？愿意□ 不愿意□		
不愿意完成体育家庭作业的原因？作业太多没时间□ 不想锻炼□ 占用休息和玩游戏的时间□		

附表（2）

家长对体育家庭作业的认识和配合程度

姓名	性别	年龄
您了解孩子的体育家庭作业吗？ 了解□ 不了解□		
您认为孩子有没有必要完成体育家庭作业？ 没有必要□有必要□ 很有必要□ 无所谓□		
您是否协助孩子完成体育锻炼？从不□ 偶尔□ 经常□ 一直坚持□		
不能协助完成体育家庭作业的原因？家长没时间□ 孩子其他作业太多□ 其他原因□		
您一般带孩子参加什么形式的体育锻炼？仰卧起坐、俯卧撑□ 蹲起和十字跳□ 跳绳、跑步□ 其他□		

附表（3）

农科附小学生体质调查表

姓名	性别	年龄	身高	体重	左握	右握	肱二	肱三	肺量	备注

续表

姓名	性别	年龄	身高	体重	左握	右握	肱二	肱三	肺量	备注

附表（4）

3~6 月体育家庭作业调查表

姓名：__________　班级__________

填写说明：1. 登录 www.tyly365.com，2. 注册账号并登录，3 在“我的记录”中找到相对应的日期画“√”，没做不填。

例：赵竟轩在 3 月 2 日完成了作业,，而 3 月 3 日未做，即在 3 月 2 日处画“√”、3 日对应处不用填写。

体育家庭作业情况调查表

1. 2014 年 3 月

日期	星期六	星期日	星期一	星期二	星期三	星期四	星期五
分数	1	2	3	4	5	6	7
分数	8	9	10	11	12	13	14
分数	15	16	17	18	19	20	21
分数	22	23	24	25	26	27	28
分数	29	30	31				

2. 2014 年 4 月

日期	星期二	星期三	星期四	星期五	星期六	星期日	星期一
分数	1	2	3	4	5	6	7
分数	8	9	10	11	12	13	14
分数	15	16	17	18	19	20	21
分数	22	23	24	25	26	27	28
分数	29	30					

3. 2014 年 5 月

日期	星期四	星期五	星期六	星期日	星期一	星期二	星期三
分数	1	2	3	4	5	6	7
分数	8	9	10	11	12	13	14
分数	15	16	17	18	19	20	21
分数	22	23	24	25	26	27	28
分数	29	30	31				

4. 2014 年 6 月

日期	星期日	星期一	星期二	星期三	星期四	星期五	星期 六
分数	1	2	3	4	5	6	7
分数	8	9	10	11	12	13	14
分数	15	16	17	18	19	20	21
分数	22	23	24	25	26	27	28
分数	29	30	31				

你未完成体育家庭作业的原因：1 没时间（ ） 2 怕累（ ） 3 不能坚持（ ） 4 其他（ ）

你认为体育家庭作业的形式及内容：1 新颖（ ） 2 实用（ ） 3 吸引人（ ） 4 枯燥（ ） 5 不实用（ ）

附表（5）

三天饮食记录

姓名：

请如实填写，三天饮食包括一个周末

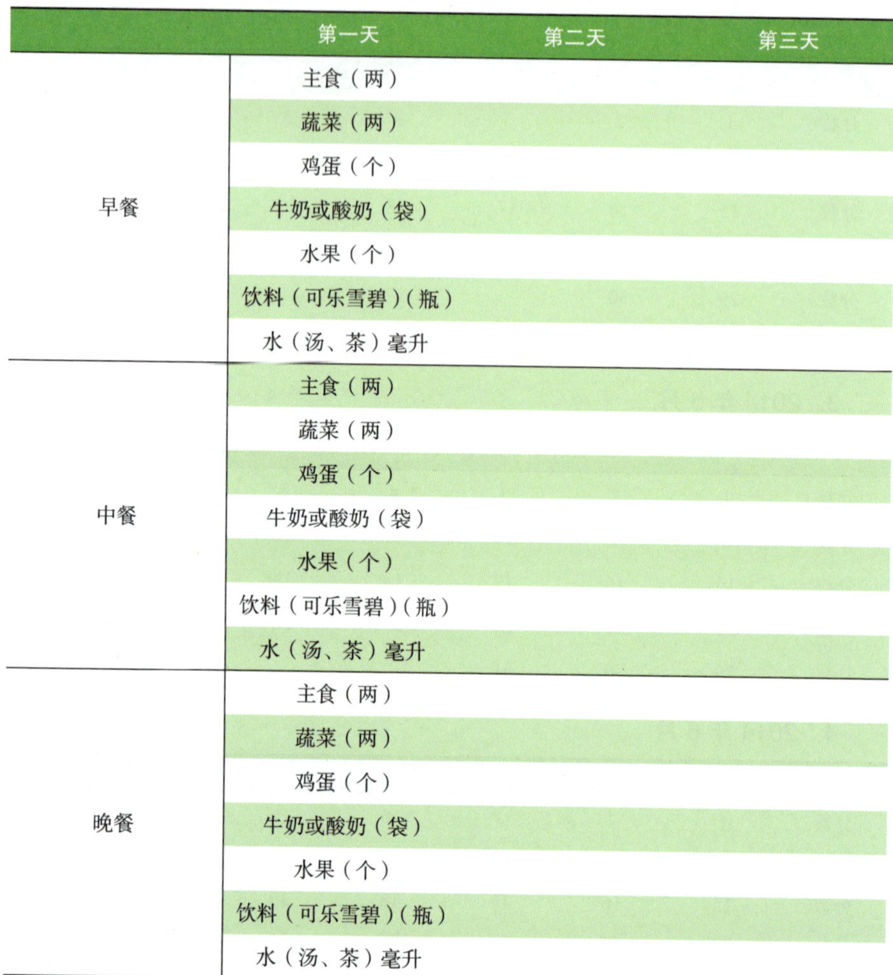

		第一天	第二天	第三天
早餐	主食（两）			
	蔬菜（两）			
	鸡蛋（个）			
	牛奶或酸奶（袋）			
	水果（个）			
	饮料（可乐雪碧）（瓶）			
	水（汤、茶）毫升			
中餐	主食（两）			
	蔬菜（两）			
	鸡蛋（个）			
	牛奶或酸奶（袋）			
	水果（个）			
	饮料（可乐雪碧）（瓶）			
	水（汤、茶）毫升			
晚餐	主食（两）			
	蔬菜（两）			
	鸡蛋（个）			
	牛奶或酸奶（袋）			
	水果（个）			
	饮料（可乐雪碧）（瓶）			
	水（汤、茶）毫升			

饮食习惯问卷

你平时喜欢吃甜食吗？一周吃几次甜食？

你喜欢喝饮料吗？一天喝几瓶？什么饮料？

你喜欢吃快餐吗？

一个月吃几次快餐？　最喜欢吃什么？

你喜欢玩电脑游戏吗？

一天你玩多长时间电脑游戏？

补习班的烦恼

小学生是否该报补习班

我和我的小伙伴们

焦朋乐

性别： 女

民族： 汉族

自述： 2003 年 5 月 26 日出生。中国农业科学院附属小学六年级 6 班语文课代表，是一名活泼开朗的好学生。爱美、爱笑、爱学习，喜欢写作、运动和小动物；常幻想着写一篇侦探小说，自己配上插画；酷爱单簧管，10 岁起成为学校金帆管乐团首席；连续三年，被评为北京市海淀区三好学生。

廖如圆

性别： 女

民族： 汉族

自述： 2003 年 10 月 7 日出生。中国农业科学院附属小学六年级 6 班宣传委员、5 组组长，是一名品行优良、乐于助人的好学生。喜欢读书、画画、下棋、钢琴和游泳。理想是成为一位有名的人物。

朱曼妮

性别： 女

民族： 汉族

自述： 2003 年 8 月 14 日出生。中国农业科学院附属小学六年级 6 班美术课代表、音乐课代表、6 组副组长，是一名学习刻苦、待人热情的女孩。在休息时间，经常为同学讲题，做劳动。喜爱歌唱、游泳、写作、读书；热爱植物和小生命；喜欢古香古色的江南水乡。理想是成为一名语文老师。

有了烦恼怎么办?

(一)我们在行动

1. 为什么要展开这次调研

现在我们学习的负担越来越重，还要参加各种各样的课外补习班，基本上没有休息时间。白天学，晚上也学。即使是放寒暑假了，我们也在忙着上课外补习班。我们比爸爸妈妈还要忙，爸爸妈妈每周还能休息两天，而我们有时连半天的休息时间都没有。

家长报班，孩子喜欢吗？小学生是否该报补习班？就此，我们小组展开了一系列的调查。

2. 调查的准备工作

调查主题：小学生是否该报补习班

调查路线：学校调查

调查方案：设计分别针对学生和家长的调查问卷——分发调查问卷、口头调查——统计数据——数据分析——总结研究结论——制作小论文

遇到的问题：起初我们在调查主题方面不确定，通过老师的合理建议，才最终确定了调查主题。

3. 调查的过程

准备材料：针对学生和家长的调查问卷

活动实施：最初的理由不完善，无法总结研究结论。最后亲自访问了对报补习班持不同态度的家长，才得以完善。

在调查过程中心理的变化：一开始我们感到高兴，认为这件事很有意思。在几次的调查后，我们渐渐对这件事淡漠了，曾经想过要放弃。然而，焦朋乐同学没有放弃，她一直鼓舞我们坚持下去，我们又关心起这件事。最后，通过大家的团结协作，最终顺利地完成了小课题研究。

调查的结果：当得知我们小组获奖时，我们三个人都非常开心。得到这项

奖，一是要感谢亲爱的老师，是老师一直在默默辅导我们完成小课题研究。二是要感谢自己，谢谢自己当初没有轻言放弃。

通过这次的小课题研究，我们从中得到了一个道理。做任何事都不要轻言放弃，只要你再坚持一下，你就能到达胜利的终点。

（二）小课题研究发生的故事

“告诉大家一个好消息！咱们班焦朋乐、朱曼妮、廖如圆的小课题研究获得了海淀区中小学生科技竞赛金鹏科技论坛比赛小学组三等奖。让我们大家祝贺他们！”当班主任董老师激动地告诉同学们这个消息时，我们心里别提有多高兴了，真是功夫不负有心人，一分耕耘一分收获。回想起小课题研究过程中发生的点点滴滴，无论是开心的、还是沮丧的事情，至今都让我难以忘怀……

课题准备：反复纠结研究主题

做个什么内容的课题研究，才是最贴近小学生的学习和生活呢？在课题的主题确定上，我们讨论了很久，三个人各持己见，互不相让。我们一直想做好这个小课题研究，希望它能展现我们最真实的想法和看法，能够代表小学生的心声。但在确定研究主题上，我们的意见不一致。焦朋乐发现大家在学校午餐时，有倒饭、浪费粮食的现象，就说：“我们做一个关于小学生是否能倒饭的主题吧！”而我认为，倒饭行为不是一个普遍现象，应该找一个更贴近小学生生活的主题。董老师也认为浪费粮食这个主题不太容易写。于是，廖如圆提议研究小学生应该读哪类书比较合适；我提议那不如研究小学生是否该上补习班呢！这个课题我最有发言权，因为从二年级起，妈妈就开始给我报了课外辅导班，与我有相同经历的同学大有人在。董老师赞同地说：“这两个主题你们可以多考虑考虑。”经过大家相互沟通、反复讨论，最终我们决定开展“小学生是否该上补习班”的调查与研究。纠结的心情终于平静了，但紧张的心情又开始了……

课题研究：马虎大意造成了我们重复劳动

紧张的课题研究开始了，我们设计了调查问卷，统计调查数据。记得在将调查数据录入电脑时，可能是调查问卷的收发工作进行得太顺利了，当天我们兴致勃勃地把调查问卷上的数据记录在电脑后，没有再看一遍，也没有将数据备份，就把电脑直接关机了。谁知道第二天却发现，电脑坏了，数据全部被抹掉了。顿时，我们三个人陷入了绝望之中。那可是我们辛辛苦苦调查了很久的数据呀！如果重新弄一遍，又要浪费大家的时间！可是现实就是很残酷，没有什么好办法，我们只能重新录入数据。于是，我们又花了很长时间把调查问卷凑齐，重新认真地统计了上面的数据，然后进行电脑录入。那悲伤、沮丧的小心情别提有多难受了。如果我们能够正确使用电脑，养成良好的备份、检查习惯，也不至于重复劳动了，哎，谁让我们马虎大意呢，浪费了宝贵的时间。

获奖心情：坚持不懈终有所成

通过这次小课题研究，我们收获颇丰。能够获奖，为学校和班级带来荣誉，自然让我们十分高兴，但更为重要的是让我们懂得了道理，学会了相互沟通和团结协作。作为课题研究项目，我们三个人组成课题研究小组，每个人的目标都是一致的，只有充分沟通、相互帮助、团结协作才能完成这个任务；当我们有了奋斗目标，经过不懈的努力和辛勤的付出，才能真正体会到成功的喜悦，让我们懂得了不劳无获的道理；在学习和生活的道路上，永远都不要轻言放弃，只要我们坚持不懈，成功与失败真的就是一步之遥。

其实，这次的小课题研究只是一个开始，在今后的学习生活中，我们会一直保持在课题研究过程中的坚持不懈和团结协作的精神。亲爱的同学们，为了我们的理想和梦想，让我们一起加油吧！

（朱曼妮）

春风徐来 有花必开

2014年初春的一个下午，阳光明媚，清风拂面。我在家中的电脑上看到了女儿焦朋乐和几个同学正在准备的一个参加海淀区金鹏论坛竞赛的论文题目“小学生是否该报补习班？”

我很惊讶：11岁不到的几个小丫头，怎么会想起了这样一个题目？！她们能找到答案吗？

我又很好奇：组织这次竞赛的海淀区金鹏论坛究竟是一个怎样的活动？目的和意义何在？

上网一查，我就释然了。金鹏论坛原来是北京市为培养青少年创新精神和实践能力，引导他们参与科技实践、提高科技素质而开展的一项重要活动。

太好了！记得曾看过一篇介绍美国小学生教育的文章。一位移居美国的中国家长写道，美国老师给他10岁孩子布置的作业是——“就自己观察到的一种现象写一篇论文”，孩子想到的题目是“鲸鱼为什么会喷水？”，并且通过一系列的查阅资料、调查等实践最终得出了结论。看完此文，一阵感慨，这种积极调动孩子的观察能力、思考能力、实践能力的教育方式，对于培养孩子的科学精神和创新能力将非常有好处。没想到，这种令人心仪的教育方式已经在北京落地开花，自己的孩子也参与其中了。

叫来女儿一问，为啥选这样一个题目呢？女儿说：“自己正为该不该上补习班烦恼呢？”“为啥烦恼啊？”“太累了呗！感觉一点自己的时间都没了。”“那通过调查能解决你的烦恼吗？”“能啊！我想知道大家都是怎么想的。如果大家都认为应该上，或许我的烦恼会减轻哈……”

好有“思想”啊，这不禁让我这样一个“老记者”对女儿刮目相看。

接下来，那就全力支持啊。于是在随后的一百多个日夜中，我经常见到三个小研究者在我家中一起查阅资料、热烈讨论的身影；偶尔听到孩子母亲谈论起她们调查采访的趣事；间或还听到老师对此事的支持与评价；我也曾提笔为她们的文案设计做点修改……

终于，论文得了奖，女儿心中的“疙瘩”也解开了……更重要的是我看到了活动过程中孩子们创新求知的嫩芽在萌发、绽放。

春风徐来万花开。作为家长，该为这样的活动喝彩。

（学生家长：焦健）

选题与实际生活很贴近，从孩子身边的点滴小事入手。分析深刻，数据真实，反映出孩子们的心声，拉近了家长与孩子的距离，也让家长们深刻体会到学习兴趣对孩子们的成长是十分关键的，不能一味地把家长的想法强加在孩子们的身上。每一名家长都应该了解自己的孩子真实的想法，给他们选择的权利，让他们拥有一个幸福快乐的童年。

（学生家长）

该论文资料翔实、调查充分、数据比较丰富、分析得当，所得结论清晰明确；在小学生报补习班已成常态的现状下，由三位小学生组成的研究小组经过实际调查写出的这篇小论文，因为具有很强的现实意义和最贴近的视角而显得尤为可贵。

（学生家长）

当前，小学生学习负担及压力繁重已经成为社会普遍现象及关注焦点，调查研究小学生是否应该报补习班，对提高社会对小学生身心健康的关注度，缓解小学生的身心压力具有重要的实践研究意义。本文从小学生及家长两个调查主体角度出发，采用社会调查分析方法，从是否支持小学生报补习班的原因、利弊等方面着手，对此问题展开深入的调查研究。理论基础阐述清晰，调查问卷内容详实，分析过程有理有据，分析结论客观且具有实践指导意义。

（点评专家：孙巍）

作者：焦朋乐　廖如圆　朱曼妮
指导老师：董丹丹　谭　丞

一、前言

（一）问题的提出

现在的小学生负担越来越重，我们没有休息时间，要参加各种各样的课外补习班，白天学，晚上学。即使是放寒暑假了，我们也在忙，忙什么呢？还是忙着上补习班。

我们比爸爸妈妈还要忙，爸爸妈妈每周还能休息两天呢，我们同学有的一周连半天都休息不了，悲催呀！

家长报班，孩子喜欢吗？小学生是否该报补习班？就此，我们小组展开了一系列的调查。

（二）研究意义

健康体魄、健康的心理是青少年为祖国和人民服务的基本前提，是中华民族旺盛生命力的体现。重视学生的身心健康是一个民族保持旺盛生命力的理念和手段，是现代文明与教育的标志和体现。而如今的小学生却被补习班带来的压力压得喘不过气来。关注小学生的健康成长问题不容忽视。

二、理论基础

针对小学生是否该上补习班这一问题，我们上网查找了部分资料。据他人所做研究表明，目前广大小学生对是否该报补习班，褒贬不一、莫衷一是。

1. 家长对此的心态虽然较为复杂，却明显有支持或赞成小学生该上补习班的倾向，主要理由如下。

（1）别人上咱不上，心里不踏实。其实是一种另类的攀比心理在作怪。

（2）学学总比不学好，有枣没枣打三竿。比如，许多孩子平时数学成绩八九十分，家长也报了个数学“强化班”，“不求孩子一定学出什么成果来，但让孩子学些奥数知识，能拓展数学思维，对课堂学习也许有帮助。”

（3）孩子放假总不能闲着吧。许多家长给孩子报班是出于放寒暑假了，孩子在家里也没事干，不如报补习班，不仅能长知识，还有人管。

2. 相对于家长来说，一些教育研究者的看法却更加理性全面。他们的意见主要如下。

（1）孩子学习成绩的进步不能靠拼命补课，孩子需要劳逸结合。

（2）学习的主体是孩子，但是决定学习内容的却是家长和老师，没有人愿意蹲下来听听孩子心里的声音，没有人把孩子放假的愿望当作权利，因此忽略孩子的成长需求，结果甚至会扭曲孩子性格。

三、调查与分析

（一）问卷与数据

我们小组自己设计了调查问卷，采取了问卷调查为主，口头调查为辅的形式进行了调查。接受调查人数共计 134 人，其中，学生 98 人，家长 36 人，所得有效问卷 125 份，学生 95 人，家长 30 人。结果如下：

学生中支持应该上补习班者为 42 人，占被调查人数的 44%；不支持者 42 人，比例为 44%；另有 11 人认为应根据自己的学习情况决定适量上课外补习班，比例为 12%。

家长中支持应该上补习班者为 22 人，占被调查人数的 73%；不支持者 3 人，比例为 10%；另有 5 人认为应根据自己的学习情况决定适量上课外补习班，比例为 17%。

（二）数据分析

根据对调查数据和口头采访的分析，我们认为，目前支持上补习班同学和反对上补习班的同学的数量相等，他们的理由见下文。

支持者：

（1）在学校，老师讲课是相同的、统一的，但是，每个同学学习理解能力和接受能力不同。补习班正好满足了小学生的需要。

（2）补习班带给小学生的不仅是能力的提高、个性的发展，还有自信心增强：使小学生在竞争中更具有挑战力。

（3）我们的爸爸、妈妈来自各行各业，并不是天生的教育者，让小学生周末适当地参加补习班，是家庭教育的最好补充。

（4）虽然教育部一再提倡“减负”，但是，要学的知识量并不“减少”。为了获取更多知识，必须勤奋再勤奋。如岳飞所说：“莫等闲，白了少年头，空悲切。”

（5）补习班可以满足小学生更广泛的爱好和兴趣，比方书法班、舞蹈班、器乐演奏班等。它可帮助及早发现小学生具备的特殊才能。

（6）补习班可以听到不同的老师讲课，培养自己不同的思维方式，开阔思路，丰富思想。

（7）补习班的老师会帮你更加细致地安排复习进度，分析考试题型和考试的技巧，提高考试成绩。

（8）课外补习班能拓展学生的知识面。适应重点中学的选拔。因为重点学校需要的学生是尖子中的尖子，上课外补习班能学习到更多的解题方法。

（9）上课外补习班的原因是根据自己的学习情况，去补习弱项，就会全面发展。

反对者：

（1）上课外补习班，小学生就没时间玩了，压力太大，很不喜欢上。虽然，我们是该好好学习，但是，如果我们学得太多，就会让我们不想上学。

（2）现在课外补习班的费用多是好几千的，有些上了没有效果，白白花掉爸爸妈妈的血汗钱，给家长增加了许多不必要的经济负担。

（3）学习主要是靠自己的。自己学得好，才是真的好。只要你在学校里专心听讲，上课思想不开小差，你就一定能学好。

（4）学校里面作业还没有做完，课外补习班的作业又得做，晚上睡觉睡不够，害得只好第二天在课堂上打瞌睡，这样，我们怎能集中精力听讲？

（5）有些补习班离家太远，在自己去上课的路上可能遇到一些安全隐患，就得爸爸妈妈送我们，陪着我们上课，牺牲了他们的休息时间，非常辛苦。

（6）没有足够的时间去进行体育活动，身体的健康就会受到威胁。

（7）没有足够时间好好放松，亲近大自然，放松一下心情，经常过量用脑，使自己很疲倦，脑子晕晕的，一团浆糊似的。

（8）在学校里看书、写字的时间已经够多了，手指已经僵硬、疼了，眼睛也已疲倦、干涩了，再让我们上课外补习班，这样对自己的手和视力极其不好。

（9）有一些课外补习班的老师讲得不好，很枯燥，作业也很多，还难，这就使学生们产生了厌学情绪。

四、研究结论

有人认为上课外补习班太辛苦了！甚至是透支生命，从而消耗少年黄金期。有的人却认为上课外补习班是有益的，就如华罗庚所说："勤能补拙是良训，一分辛苦一分才。"

所以，我们小组的调查结论是：只要你自己认为上课外补习班是你的需要，就好好利用它；如果自己觉得不需要，在学校就能解决所有学习上的问题，那就没必要上课外补习班，每个人都有适合自己的学习方法哦。

另外我们呼吁，在学校减负的同时，应考机制也应改善，教育资源也要均衡，让我们每个小学生都能从减负中真正受益。

附件1：针对学生的调查问卷

亲爱的同学：

你好！首先感谢你参与此次小学生是否该报补习班问题的调查问卷。你的回答将对我们的研究起重要作用，请你认真阅读问题及选项，并在你认可的选项上打（√）。谢谢你的合作。

1. 你报课外补习班了吗？

   有（　）　　没有（　）

2. 参加补习班的科目是

   薄弱科目（　）　　提高项目（　）　　兴趣项目（　）

3. 你参加补习班的原因

   自愿参加（　）　　父母要求（　）　　受周围同学影响（　）

4. 你觉得补习班的压力大吗？

   很大压力（　）　　有点压力（　）　　没有压力（　）

5. 你觉得上补习班对你有帮助吗？

   很大帮助（　）　　有一定帮助（　）　　一般（　）　　完全没帮助（　）

6. 你认为应该报课外补习班吗？

   应该报班（　）　　适当报班（　）　　不应该报班（　）

附件 2：针对家长的调查问卷

亲爱的家长：

您好！首先感谢您参与此次小学生是否该报补习班问题的调查问卷。您的回答将对我们的研究起重要作用，请您认真阅读问题及选项，并在您认可的选项上打（√）。谢谢您的合作。

1. 您给孩子报课外补习班了吗？

   有（　）　　　　没有（　）

2. 您的孩子参加课外补习班的原因是什么？

   自愿参加（　）　　父母要求（　）　　受周围同学影响（　）

3. 您让孩子参加班课外补习班的首要目的是什么？

   发挥孩子的兴趣特长（　）　　　　为将来进入更好的中学（　）

   为了考证、考级（　）　　　　培养孩子完善的人格（　）

4. 您的孩子喜欢上课外补习班吗？

   喜欢（　）　　一般（　）　　不喜欢（　）

5. 您觉得上补习班对孩子有帮助吗？

   很大帮助（　）　　有一定帮助（　）　一般（　）　　完全没帮助（　）

6. 您认为应该给孩子报课外补习班吗？

   应该报班（　）　　适当报班（　）　　不应该报班（　）

我们都爱吃土豆
实现土豆主粮化
就从科学小实验来做起吧

试管里的土豆宝宝

马铃薯试管薯的诱导过程观察研究

我们是“欢乐土豆”组合

（左：傅思乔；中：黄怡可；右：王子懿）

黄怡可

性别： 女

年龄： 12 岁

学校： 中国农业科学院附属小学六年级 8 班

爱好： 素描、插画、游泳和阅读

自述： 细微的事物逃不过我的眼睛，我沉默，因为我在思考。我是本次观察实验研究的主导者，我们观察了在三种不同的光照条件下“土豆宝宝”的生长情况，发现全黑暗培养能够显著提高试管薯的数量和大小。我为“土豆宝宝”的形成、长大感到骄傲！

傅思乔

性别： 女

年龄： 12 岁

学校： 中国农业科学院附属小学六年级 8 班

爱好： 打球、游泳和画画等

自述： 我非常喜欢画画，从三岁开始学习画画，在班级里担任美术课代表。通过试管薯的诱导实验，我不仅学习到了许多科学理论知识，而且通过亲自参与实验操作，增强了动手能力。

性别： 女

年龄： 12 岁

学校： 中国农业科学院附属小学六年级 8 班

爱好： 打软垒、读书等

自述： 我积极参加小课题组的各个环节、包括选题、做实验、总结、整理、答辩等。我们小组的人员齐心协力，成功地完成了此次观察研究。

我们爱土豆

（一）试管薯诱导过程观察小组的故事

我们是一个“欢乐土豆”组合！一个文静内敛，一个细致执着，一个活泼老练，这就是我们，我们是来自中国农业科学院附属小学六年级 8 班的同学黄怡可、傅思乔和王子懿。一到课余时间，我们三个人的小脑袋就凑在一起“嘀嘀咕咕”，像在研究神秘的事情。大量文献的查阅，无菌环境的培养，40 天的观察……2014 年 8 月底，试管薯诱导过程的观察研究终于有了可喜的结果。

● 从争论到“妥协”

我们爱吃土豆，土豆丝、土豆炖肉、当然还有钟爱的炸薯片，“嘎吱”一声清脆的薯片声——甭提有多美了！锁定了“土豆”这个主题，我们提出了各种五花八门的想法，包括“土豆如何做更好吃”“好土豆与坏土豆的区别”等，各抒己见，两个星期过去了，选题还是定不下来。指导老师陈爱红听到我们的争论，建议我们要打开思路，多查资料，多实地考察。我是这次课题研究小组的主导者，决定带着我的小团队去实地考察，我们来到中国农业科学院蔬菜花卉研究所，看到了丰富的土豆品种——黄皮的，紫皮的，眼花缭乱。其中，有一盆“土豆宝宝”吸引了我的目光，这些直径不足 10 毫米的小土豆个个圆头圆脑，煞是可爱！蔬菜所的老师告诉我们，马铃薯是人们生活中重要的食物和食品加工原料。在大田种植环境中，常规马铃薯块茎在繁殖过程中易被病害感染，影响品质和产量。为了能够使土豆健康而且产量高，利用细胞的全能性原理，科学家们组织培养生产出健康的试管薯。我的眼睛眯成了线，太有意思了！我们的小脑袋又凑到了一起，不约而同地达成了统一意见——观察研究马铃薯试管薯的生长情况。

● 从“纸上谈兵”到“实操演练”

翻阅了大量的资料，了解了马铃薯的特征、生长环境，马铃薯病虫害的知识，为了加深理解，我做了一个手绘本，包括马铃薯的常见病，生病的土豆“PK”健康的土豆，传统薯种“PK”试管薯等，傅思乔和王子懿利用Google文献和维基百科查阅了细胞全能性原理等晦涩难懂的资料。终于等到可以进实验室“实操演练”了，蔬菜花卉研究所副研究员徐建飞老师、魏巍老师指导我们进行试管苗壮苗培养。进入实验室，每一个环节都要求消毒，保持无菌状态。剪刀、镊子、支架、滤纸、液体培养基…我们觉得既新鲜又紧张，深刻地感受到了科学实验的严谨和一丝不苟的态度。

● 从迷惑到惊喜

这个实验的观察周期是40天，分为3个光照处理：①全黑暗培养，②黑暗培养2周后16小时/天培养，③16小时/天培养。全黑暗环境的试管苗被一块黑布盖着，试管苗好像在里面睡觉，在不同的光照条件下，培养的土豆宝宝生长状态不一样，为了能够清晰的记录“土豆宝宝”的生长状况，我们整理了一套完整的观察日志，记得第一周，当我蹦蹦跳跳来到“宝贝们”前，先看到的是16小时/天培养的试管苗，植株长势倒是很茂盛，可是没见到小土豆，我顿时迷惑了，小土豆呢？当我小心翼翼地掀开黑布，观察全黑暗培养的试管苗时，不禁“呵呵”了两声——我看到了在培养基上部有几个淡黄色的小“土豆宝宝”，虽然还很小很小，但是这个惊喜让我很满足。接下来，第2周，第3周，第4周……我们收获了快乐的“土豆宝宝”！

● 快乐的“土豆宝宝”

结论很快出来了，经过比对，不同光照条件对薯块的形成、数量及薯皮颜色具有影响。其中，全黑暗条件下有利于试管薯的膨大，产生的薯块数量较多，平均单薯重最大，而且薯皮颜色呈现浅黄色。40天内即可收获足够多的薯块，因此全黑暗培养是一种高效节能的试管薯培养方式。我托着下巴，悟出一个有趣的道理：在全黑暗条件下，“土豆宝宝”以为在土壤里，所以睡得很香，长得壮壮的。

实验结束了，我们还意犹未尽，下一步希望将自己培养的“土豆宝宝”进行试种，长大以后变成健康的大土豆。

（黄怡可）

（二）“土豆宝宝”观察研究答辩会

2014年的11月29日，我们“欢乐土豆”三人小组怀着紧张和兴奋的心情向答辩现场出发，参加“金鹏论坛科技大赛”的答辩会。

答辩前两周，我们做了充分的准备，将研究过程和结果做了一个PPT，由于我们各有分工，所以各自讲不同的部分，我们还在陈述的结尾部分设计了一个“我们爱土豆”的小pose，心里很得意。

在路上，我们都在背词，可是我发现自己总是忘词。于是，我们决定，不干巴巴地背词了，拿出笔记本电脑，看着PPT，就像真的在答辩似的，我们一遍又一遍地模拟着答辩的场景。在路途上，我看到很多其他学校的学生，有年龄较长的大哥哥大姐姐，还有的年龄相仿。他们有的手里抱着机械，有的拿着泡沫状的古怪的模型，我不禁想起了“科学小怪人”。

到了答辩等候室，里面坐满了同学和家长，还有老师。我的头“嗡嗡”的，大屏幕上放着历届“金鹏”论坛科技大赛的视频，大约过了5分钟，就有人让我们去楼上准备答辩。

我们进了教室，屋里只有两位评委，一位老爷爷和一位四十来岁的老师。我们三人介绍我们的小课题研究，这部分进行得很顺利。老师认为我们研究的课题很有意思，问我们希望下一步怎么做，我们说希望能将土豆宝宝进行试种。老师提出了一个问题，实验过程重在体验，建议我们将土豆宝宝放在家里的床底下，这样可以天天观察。回来后，我们通过咨询指导老师，了解到试管苗须对实验环境要求高，在无菌的状态下进行培养，使试管苗不被污染，才能够保证结薯量。因此，试管薯的市场推广也会存在成本的问题。老师鼓励并希望我们能继续做下去。第一次经历答辩会，我明白了实验与实践的相互关系，求得甚解也是科学追求的精神。

（王子懿）

和孩子一起体验科学实验

五年级的一天，孩子放学回到家对我说：“妈妈，我们学校要求我们班的同学三个人组成一个团队选一个有意义的课题进行研究。”我听后对此事也产生了浓厚的兴趣，于是迫不及待地询问起有关小课题研究的事情来，可以看出孩子对这件事情的重视和喜爱，她不厌其烦地给我讲解着关于小课题研究的准备情况及她们“欢乐土豆”小组所选的课题。经过孩子的讲解，我对她们小组的课题研究有了一些大致了解，心里也和孩子一样盼望着进实验室的那一天。

一个周末的早晨，我应邀来到中国农业科学院蔬菜花卉研究所，和孩子们一起参与小课题研究的实验。走进实验室的大楼，一位略带书卷气的女孩映入我的眼帘，她是这次负责辅导孩子们实验操作的魏老师。魏老师把我们带到了一间窗明几净的实验室里，实验室分为左右两个部分，左边有 3 台超净工作台，供老师们和学生进行实验，右边是 3 层的马铃薯实验柜，里面放有许多放有马铃薯幼苗的培养皿，整个实验要求在无菌状态下完成，操作的工具都必须进行无菌处理。正当我左顾右盼的时候，魏老师开口给孩子们讲述了进行试管马铃薯幼苗的培养步骤。

首先，用酒精棉将双手进行消毒，确保双手彻底干燥才能进入工作台，除此以外，所有的操作工具，包括剪子、镊子、支架都一一被灭菌，孩子们小心翼翼地将灭菌后的工具放在支架上，我忍俊不禁，心想：平时在家的时候可没有这么小心。她们用镊子夹取了一张无菌滤纸，并从培养基中轻轻地取出幼苗。用剪子对幼苗进行小部分剪切，要求从腋芽的位置剪断，孩子们用不熟练的操作手法进行操作，轻拿轻放，生怕手劲过大折断幼苗宝宝。整个过程细致严谨，孩子们操作得很认真，我看得也很入神。

不一会儿的工夫，幼苗宝宝被剪出了很多，被孩子们一一装进培养基中，孩子们紧皱的眉头终于舒展开了。让我感到欣慰的是每一个孩子在做完实验后都主动的把自己的试验台打扫得很干净。

实验结束后，魏老师带领孩子们到实验室外面的走廊里，孩子们把培养皿放到了恒温箱里进行培养。这些马铃薯幼苗要在恒温箱里面待上大约40天的时间。在这40天的时间里，孩子们根据时间计划来实验室观察幼苗的生长变化并记录下来，以便日后进一步研究。

在一声道别之后，孩子们离开了实验室，我和孩子们一样，不仅好奇心得到了满足，还从中学到了不少知识，比如，在这之前我心中的马铃薯就是分为两种：一种是口感脆的，一种是口感面的；通过这次和孩子们一起来实验室对马铃薯的幼苗进行培养后我得知：马铃薯的品种有许许多多，有适合炒菜的，有适合煎炸的，有适合炖菜的，而且，马铃薯自身的淀粉含量也是不一样的，不同种类的马铃薯做出的食品口感是不同的。看到孩子们专心致志地操作实验，我体会到了科学实验的严谨性，希望孩子们能把这种严谨带入到学习和生活的方方面面中。

（学生家长）

启发小学生通过马铃薯试管薯诱导实验探索解决生活中、现实生产中发现的问题，引导小学生查阅文献、明确研究目的、设计研究思路和方法，并亲身参与实验操作和观察统计，最终得到了十分具有说服力的实验结果。这项研究性学习极具创新意义，大大提高了小学生探索和学习科学知识的积极主动性，培养小学生初步形成自主性的动手、思考、观察、总结和交流合作能力，为发展创新能力打下良好的基础。

（点评专家：刘蓉蓉）

——马铃薯试管薯的诱导实验研究报告

中国农业科学院附属小学六年级 8 班
黄怡可 傅思乔 王子懿

摘要

在大田种植环境中，常规马铃薯茎块在繁殖过程中易被病害感染，影响品质和产量。为了能够使土豆健康而且高产，人们利用细胞的全能性科学原理，采用植物组织培养技术进行试管薯生产。我们观察了 3 种不同光照处理条件下试管里的土豆宝宝的形成和生长情况，学习了科学实验技术，并积累了科学研究知识。

一、相关背景知识及科学原理

马铃薯，俗称土豆，我（第一申报者）和同学们都喜爱食用炒土豆丝、土豆炖肉，还有炸土豆条和薯片等零食。我们向中国农业科学院做马铃薯研究的老师们了解，土豆是我们生活中重要的食物和食品加工原料。马铃薯是茄科茄属一年生草本块茎植物，全株可分地上和地下两大部分，地上部分有茎、叶、花、果实和种子，地下部分有根、匍匐茎和块茎。在生产实践中主要利用块茎进行无性繁殖，而无性繁殖过程中受环境中病原微生物尤其是病毒病的侵染，易造成马铃薯退化，导致产量与品质的下降。马铃薯试管薯（Microtuber）是由脱毒试管苗直接诱导形成的微型块茎，直径在 5 ~ 10 毫米。与大田常规薯相比，试管薯生产具有不易感染病虫害和生产不受季节限制等突出优点。

试管薯的生产是利用植物组织培养技术，使马铃薯茎段发育成植株，进而结薯的过程。植物组织培养技术是基于细胞全能性原理而发展起来的技术体系。细胞全能性原理是指在多细胞生物中每个单细胞的细胞核具有个体发育的全部基因，只要条件许可，都可发育成完整的个体。

二、研究目的

通过观察马铃薯试管薯诱导过程，了解植物组织培养和器官发育一般规律，积累基础的植物学知识，并对科学实验的原理和方法产生初步的认识。

三、实验材料

1. 马铃薯品种：中薯3号，早熟，食味好。由中国农业科学院蔬菜花卉研究所育成。

2. 培养基：壮苗培养基（MS+3% 蔗糖，pH 值 5.8）、试管薯诱导培养基（MS+5 毫克 / 升 6-BA+8% 蔗糖，pH 值 5.8）。

3. 工具：酒精灯、镊子、剪刀、灭菌滤纸、三角瓶、尺子、照相机等。

4. 仪器：高压湿热灭菌锅、超净工作台、光照培养箱、电子天平等。

四、实验方法

1. 试管苗壮苗培养

（1）壮苗培养基的配制

称量：用电子天平分别称取 4.43 克 MS 粉和 30 克蔗糖。

定容：MS 粉和蔗糖混合，用蒸馏水定容至 1 升，并调节 pH 值（酸碱度）为 5.8。

分装：将配制的液体培养基倒入到 250 毫升三角瓶中，每瓶 50 毫升，封口。

灭菌：用高压湿热灭菌锅灭菌，121 摄氏度、15 分钟。

（2）壮苗培养

消毒：用棉球蘸 75% 酒精擦拭双手，进行表面消毒。打开无菌工作台，分别将剪刀、镊子和支架蘸 75% 酒精之后在酒精灯火焰上灼烧消毒，完全冷却后，备用。

移栽：用镊子将中薯 3 号试管苗从原来的 MS 固体培养基中夹出，置于灭菌滤纸上。再用剪刀剪取含腋芽的 1.5 厘米的试管苗茎段，用镊子夹至壮苗培养基中，每瓶培养基中放 30 ~ 40 个茎段，一共 12 瓶（图 1）。

培养：将含茎段的培养基置于光照培养箱中，20 ~ 25℃、每天 16 小时光照条件下培养 20 天。

图 1 组织培养实验室的概况

a：组培室；b：无菌工作台；c：组培瓶里的土豆苗；d–f：实验操作过程。

2. 诱导培养基的更换

（1）试管薯诱导培养基的配制

称量：用电子天平分别称取 4.43 克 MS 粉和 80 克蔗糖。

定容：MS 粉和蔗糖混合，加入激素 6-BA 5 毫克，用蒸馏水定容至 1 升，并调节 pH 值（酸碱度）为 5.8。

灭菌：用高压湿热灭菌锅灭菌，121 摄氏度、15 分钟。

（2）更换培养基

壮苗培养 20 天后，将三角瓶从光照培养箱中取出。在无菌工作台中，将壮苗培养基倒掉，保留试管苗，再将灭过菌的试管薯诱导培养基倒入三角瓶内，盖好瓶盖。

3. 试管薯诱导培养

将试管苗置于组培室中的组培架上培养。试管薯诱导分为 3 个光照处理，每个处理 4 瓶试管苗：

A. 全黑暗培养：用不透光的黑布将试管苗盖住培养。

B. 黑暗培养 2 周后每天 16 小时光照（16 小时 / 天）培养：先 4 瓶试管苗用不透光的黑布盖住，2 周后取掉黑布，使它们在 16 小时 / 天条件下培养。

C. 16 小时 / 天培养：设置组培室灯管光照时间，使试管苗在 16 小时 / 天条件下培养。20 ~ 25℃条件下培养 40 天，每间隔 7 天拍摄一次照片，并观察和记录各处理的试管苗及试管薯生长状态。

4. 试管薯结薯情况调查

试管薯诱导结束后，将三角瓶中的液体培养基小心倒掉，取出试管苗，将着生在试管苗上的试管薯一一剥离，统计各处理结薯数量、重量和大小，并拍摄照片（图 2）。

图 2　实验结果调查
a：观察实验结果；b：试管里的土豆宝宝（试管薯）。

五、实验结果

1. 试管苗壮苗培养

经过 20 天的壮苗培养，切取的茎段逐渐长高，6 ~ 7 厘米，长出许多腋芽和叶片，并在培养基中生出许多根，交织在一起。

2. 试管薯诱导培养

（1）全黑暗培养

第一周：在黑暗条件下培养 7 天后，可观察到试管苗在培养基上部已结有少量淡黄色试管薯，组培苗长势较好，叶片为绿色。

第二周：结薯数量有所增加，试管苗植株个别叶片变为黄色，但大部分仍为绿色。

第三周：结薯量稍有增加，并且观察发现薯块变大，试管苗长势逐渐变弱，约有 1/4 的试管苗植株变黄。

第四周：试管薯薯块继续膨大，而试管苗大部分茎及叶片变为黄色，叶片枯死，植株衰老。

图3　3种光照条件下收获的试管薯

A：全黑暗培养，薯块数目多，薯皮为浅黄色；B：黑暗培养2周后16小时/天培养，薯块数目多，薯皮为绿色；C：16小时/天培养，薯块数目少，薯皮为绿色。

第40天：结薯数量和膨大变化不明显，试管苗枯死数量有所增加。

（2）黑暗培养2周后16小时/天培养

该处理前两周所处环境与全黑暗培养处理环境相同，观察到的结果也相同。

第三周：培养21天时观察，结薯数量增加较少，薯块大小无明显变化，但试管薯的颜色由淡黄色变为绿色。

第四周：薯块数量几乎没有增加，也不继续变大，颜色仍为绿色，植株长势较好，茎叶均为绿色，植株高度到达三角瓶瓶口。

第 40 天：薯块数量及大小几乎无变化，但是，薯皮呈现绿色（图 3）。

（3）16 小时 / 天培养

第一周：试管苗长势茂盛，茎叶均为绿色，未观察到试管薯形成。

第二周：试管苗继续生长，长势好，茎叶均为绿色，可观察到少数试管薯，薯块表皮为绿色。

第三周：试管苗植株长势越来越好，茎更为粗壮，茎叶均为绿色，植株高度到达三角瓶瓶口。试管薯数量较少，薯块表皮为绿色（图 3）。

第四周：植株继续生长，布满整个三角瓶，茎叶繁茂，均为绿色，试管薯有所膨大。

第 40 天：试管苗与第四周比较变化不大，长势好。试管薯变化不明显。

3. 试管薯结薯情况调查

培养第 40 天时统计不同处理结薯数量、重量和大小。全黑暗培养条件下，试管薯个数最多，产量最高，而且平均单薯重最大；16 小时 / 天培养条件下，试管薯个数最少，产量最低，平均单薯重最低，具体结果见表 1。全黑暗培养条件下，试管薯全部为淡黄色；而在另外两种培养条件下，薯块呈浅绿色或绿色（图 4）。

表 1　不同处理结薯数量、重量和大小

	结薯数量（个）	试管薯重量（克）	平均单薯重（克）	试管薯直径（毫米）
全黑暗培养	165	99.96	0.61	3 ~ 11
黑暗培养 2 周后 16 小时 / 天培养	154	82.44	0.54	2.5 ~ 9
16 小时 / 天培养	109	56.64	0.52	2 ~ 8.5

图 4　3 种光照条件下收获的试管薯数量与大小

六、结论与体会

通过含有叶芽的马铃薯茎段进行无性繁殖，在 2 个月内即可获得用于生产的土豆宝宝（试管薯）；不同光照条件对薯块的形成、数量及薯皮颜色具有影响。其中，全黑暗条件下有利于试管薯的膨大，产生的薯块数量较多，平均单薯重最大，而且薯皮颜色呈现浅黄色。虽然过长的黑暗培养易导致植株黄化或枯死，但是 40 天内即可收获足够多的薯块，因此全黑暗培养是一种高效节能的试管薯培养方式。

通过试管薯的诱导实验，我们不仅学习到了许多科学理论知识，而且通过亲自参与实验操作，增强了动手能力。更认识到做科学实验一定要细心严谨、不能有一丝马虎，养成良好的实验习惯。在这个实验中，在老师们的指导下，通过我们三人小组成员的共同努力，试管土豆宝宝一点点形成、长大，我们为自己的劳动成果感到高兴，同时也对科学实验产生了更深的热爱之情。

兴趣
是最好的老师
信任
让孩子展翅高飞

思维导图你知道吗

思维导图的实用性和作用

"Z.S.L" 团队

队名： Z.S.L

队长： 张楷征

队员： 孙颐暄、李郅哲

团队课题： 《思维导图的实用性和作用》

团队简介： 说到我们的团队的组成，这还要感谢陈爱红老师在中国农科院附属小学六年级8班开展的小课题研究活动，目的是让我们对研究课题有共同兴趣的同学组成团队，通过团队的共同努力，合作分工，将我们的小课题研究工作进行到底。我们的团队由3人组成——我们班全能学神张楷征，担任团队的"大主管"；喜欢阅读的语文学霸孙颐暄，担任团队的"副主管"；绘画大师李郅哲，担任团队的"活动主管"。我们的队名是由三个人的姓的首字母组成，表示我们的团队三人缺一不可，都在团队中有举足轻重的地位。也说明我们三人团结友爱的团队精神。

团队口号： 今天的坚持，明天的成功！

张楷征

性别： 男

年龄： 12 岁

年级： 六年级，一直担任班干部和中队干部。

兴趣爱好： 乒乓球、游泳、轮滑、绘画和唱歌。

个人特点： 性格开朗、阳光，富有幽默感，有较强的组织能力和沟通能力，擅长策划组织活动，做事认真，全能学神。

负责： 本次小课题的组织策划、设计调查问卷、对调查结果的统计分析和对论文的撰写。

孙颐暄

性别： 男

年龄： 11 岁

年级： 六年级，曾担任班干部和中队干部。

兴趣爱好： 阅读、围棋、游泳、篮球、滑冰和跑步。

个人特点： 有爱心、性格开朗、阳光、幽默、为人友善，语文学霸。

负责： 设计调查问卷，发放、收集和统计调查问卷，对调查结果进行统计分析。

李郅哲

性别： 男

年龄： 12 岁

年级： 六年级，担任中队干部。

兴趣爱好： 美术、吉他、科技。

个人特点： 性格开朗、活泼、乐观、积极向上、做事认真、办事负责，感情丰富，有亲和力，绘画大师。

负责： 打印调查问卷，发放、收集和统计调查问卷，对调查结果进行统计分析。

（一）计划与行动

研究步骤： 设计主题→寻找初始资料→设计调查问卷→实施调查→统计结果→撰写论文→结题报告

研究时间： 2月25日至6月23日

调查地点： 中国农业科学院附属小学

调查对象： 中国农业科学院附属小学4～5年级的同学及他们的家长

组长张楷征负责寻找初始资料，设计调查问卷，记录活动笔记，调动同学们的积极性，引导同学们填写调查问卷，发放调查问卷，回收调查问卷，统计调查结果，撰写论文。

组员孙颐暄、李郅哲负责寻找初始资料，设计调查问卷，打印调查问卷，发放调查问卷，回收调查问卷，统计调查结果。

（二）小课题研究故事

故事一：有经历才会成长

在这次小课题研究中，我们经历了很多事情。有快乐，有烦恼，有忧伤……但就因为经历了这些，我们都成长了！

记得有一天，我们三个小伙伴一起去发放调查问卷，我们进入一个教室。经过简单的介绍，我们开始向同学们发放调查问卷，大部分同学都很认真地浏览了一遍题目。但有些同学却在抱怨："怎么又是调查问卷啊？都填了好多个了！"的确，除了我们队，还有很多同学也进行了小课题研究，所以有些班级的同学会出现填写多份调查问卷的情况，甚至我们刚发完问卷，就有同学再来发！

所以，我们认为这样的情况可以理解，因此，我们还是耐心地向同学们讲解如何填写问卷，并一一解答他们的问题，最终，他们的态度变好了许多，答应为我们填写调查问卷。

发放的530份调查问卷能够全部收回来吗？能收回来多少呢？最终经过我

们近一周的努力，利用无数个课间休息时间，并且给交回调查问卷的同学每人一个小礼物，总算收回学生有效问卷 343 份，家长有效问卷 323 份。这些天，由于我们课间要往返各个班收取调查问卷，嗓子都喊干了，还好，功夫不负有心人，我们总算出色地完成了任务！

（张楷征）

故事二：有笑有哭，有甜有苦

在小课题研究的过程中曲曲折折，先选题、写调查问卷、统计、写论文……光是统计就费尽了脑力。这次统计有笑有哭，有甜有苦。

我们是在张楷征的家里进行统计工作的。张楷征负责电脑统计，我和孙颐暄负责念各个调查问卷的数据。这个过程很复杂，一定要小心、仔细。我们在这个过程中发生了很多意外，比如发生了念错数据导致统计错误，浪费了很多的时间。我们也发生过分歧，有时 10 分钟之内谁也不理谁。但是我们在这个过程中也很开心，玩变形金刚、看电视等……中午，我们一起品尝了张楷征妈妈做的一桌香喷喷的饭菜，便又开始了紧张忙碌的“工作”，不然的话肯定会做不完的。

误会和分歧在欢声笑语中化解，就这样我们的统计结束了。

（李郅哲）

故事三：小课题中的快乐

今天上午，我们很早就来到了张楷征的家里，开始研究小课题中的一个环节——统计调查问卷。

一开始我们弄得非常慢，并且经常出现问题，一上午都没弄完 100 张调查问卷，我们心中非常着急！导致我们之间发生了不愉快的争吵，大家七嘴八舌，吵得十分激烈，非要争出到底是谁老出错，时间一分一秒地流失，我们仍在争吵，都不管调查问卷了。后来阿姨对我们说：“你们要团结，要齐心协力地做完这份工作，而且你们可以分工合作，也可以一个人先进行分类，比如，挑出样子差不多的先进行归纳，然后一个人给用电脑的人读数据，这样就会快得多，也会更加准确。”果不其然，按照阿姨的方法，我们的速度和精确度大大提升了！

最后，我们有条不紊地录入数据，一个半小时录入了 184 张调查问卷！

（孙颐暄）

雏鹰展翅

今天下班回家，儿子兴高采烈地告诉我："妈，我们小课题研究获得了金鹏科技三等奖了！"看着儿子骄傲的脸庞，不禁让我想起了大约一年以前的事情。

那是一个冬日的傍晚，我下班回家，刚一进门，儿子就像小兔子一样在我身旁跳来跑去，滔滔不绝地说："妈妈，我们要进行小课题研究了。老师说，我们的研究成果还可以参加金鹏科技的评选呢！""哦，你们想做什么科学研究呀？"我不无调侃地问。"我们组一共有三个人，张楷征、李郅哲和我。我们定的课题是《思维导图的实用性和作用》，我们要找一个年级作为研究对象，要出调查问卷，我们计划用课间的时间找同学填写，回收调查问卷，然后进行数据统计与分析，最后再写论文。""有了目标，还制订了行动的计划和方案，不错呀！"我鼓励地说。但望着儿子稚气的脸，我不禁在心里想："这可是一个不小的工程呀，他能行吗？他能坚持下去吗？"

两周后，儿子的任务来了，"妈妈，我们的调查问卷设计好了，你帮我打印 200 份吧"。

又两天后，"妈妈，您能帮我买些小礼品吗？例如铅笔、橡皮等小文具，我们要奖励给帮我们填写调查问卷的同学。"

"妈妈，我们回收了 180 份有效的问卷。"

"妈妈，我们今天去张楷征家进行数据统计。"

"妈妈，我们会用电脑统计和分析数据了"

……

"妈妈，我们组的论文初稿华丽丽地诞生了！"

听到这句话时，距离儿子和我说起要做小课题研究已经整整过去了 8 个多月。我心中的疑惑也被时间和儿子的论文终结了。原来，小孩子没有我们大人的监督，也可以自觉地完成他们的既定目标；原来小孩子要做一件事情也有他的坚持与韧性，前前后后将近一年的时间，这三个孩子，一步一步地向目标迈进着。

如果不是这次小课题研究，儿子，还是在家中和我撒娇的孩子，看着为小课题研究坚持不懈的儿子，我想说，我的儿子长大了，他再也不是我眼中不谙世事、只知道一味玩耍的小孩儿了，再也不是在巢中嗷嗷待哺的雏鸟了，他已经长大了。通过这次小课题研究让我重新认识了我的儿子。我要对所有的父母说，孩子的潜力是无限的，只要我们给予他们足够的信任，只要我们给他们提供广阔的天空，我们的雏鹰必将展翅，终有一天，必将成为展翅于蓝天的雄鹰！

（孙颐暄家长）

最早孩子们说要进行小课题研究的时候，我说这个太难了吧，你们三个孩子怎么可以完成？从选题、设计调查问卷、发放调查问卷、收集调查问卷、统计调查结果、最后到撰写论文，整个过程历时 8 个月，最终，通过孩子们的精诚合作和不懈的努力，出色地完成了本次小课题研究活动。孩子们在本次小课题活动中，给我留下印象最深的是发放调查问卷这个环节。几百张调查问卷要分年级发放到每人手里，并向大家解释问卷填写要求，为了使调查结果更趋于真实，调查人群广泛均衡，孩子们利用无数的课余时间，去发放调查问卷，听孩子说，有一次，孩子们正准备去一个教室里发放调查问卷，虽然已经定好了时间，但是刚进教室，老师却说，班里还有事，没时间让孩子们发，孩子们只得无奈地离开。此外，孩子们还遇到了一些困难，不过他们却没有因为遇到了这些困难而气馁，而是想尽办法去克服困难，我很佩服孩子们的能力和毅力！

（学生家长）

看到孩子们小课题的调研成果，我发现孩子们的潜能是无穷的。通过此次小课题调研活动，孩子们有五大收获：一是学习上的促进；二是沟通能力的提高；三是学会了分享；四是学会了欣赏；五是感受到了集体的力量。本次调研活动将思维导图的趣味性、逻辑性、高效性及普遍性阐述得很清楚，可以将思维导图推广并使用于各个学科和领域。

（学生家长）

小课题研究，研究主题明确，研究思路清晰，调查问卷设计合理，并利用Excel表格对回收的有效学生问卷和家长问卷分别进行了统计分析，结果分析层次清楚，最后得出了令人信服的结论：思维导图实用性强，是一种有效的学习方法，能运用在不同的学科和领域，是一个值得去使用的工具。论文研究具有很强的现实意义，研究方法具有一定的创新性，展现出研究小组成员较好的发现问题的能力和良好的探索精神。

（点评专家：刘蓉蓉）

研究报告

思维导图的实用性和作用

中国农业科学院附属小学　张楷征　孙颐暄　李郅哲
指导老师　谭丞　陈爱红　秦晓燕

把思维导图这个工具它带入我们的视野的是英语老师，我们小组的同学在自己制作过思维导图后，发现思维导图能够帮助我们清楚的为单词分类，能够很轻松的记忆单词，而且能节约时间，比原来枯燥的记单词方法好玩、有用多了。而且，思维导图还可以广泛的运用其他的学科，比如，在数学中有燕尾模型，使用思维导图往大说就可以把它归到几何类里，往小说就可以写出他的重要知识点，而且这样还很好复习清晰明了。但我们想知道，思维导图是否在生活中也被很好地利用？所以，我们就决定对思维导图的实用性和作用进行探究。

我们确定了要研究的课题，就要开始下一步的工作啦！首先，我们制定了研究方案。

研究方案

研究步骤：设计主题→寻找初始资料→设计调查问卷→实施调查→统计结果→撰写论文→结题报告

研究时间：2 月 25 日至 6 月 23 日

调查地点：中国农业科学院附属小学分部

调查对象：中国农业科学院附属小学 4～5 年级的同学及他们的家长

组长张楷征：负责寻找初始资料，设计调查问卷，记录活动笔记，调动同学们的积极性，引导同学们填写调查问卷，发放调查问卷，回收调查问卷，统计调查结果，编写论文。

组员孙颐暄、李郅哲：负责寻找初始资料，设计调查问卷，打印调查问卷，发放调查问卷，回收调查问卷，统计调查结果。

我们的调查对象是同学和他们的家长，我们调查同学是因为思维导图可以作为一种学习工具，所以自然对同学们很重要；我们调查家长的原因是家长属于成人，我们不光要了解思维导图在少年儿童中的实用性，也要了解思维导图在成人中的实用性，调查学生家长就会方便取证。然后，我们要拟定调查问卷，之后，同学要向我们讲解如何查阅文献，再对问卷进行了修改。接下来，我们聆听了“让梦想飞翔——课题不难”讲座。再然后，我们就要发放调查问卷，最后统计数据，撰写论文。

就这样，当同学向我们讲解了如何查阅文献，我们又查阅了思维导图的相关文献，自己深度了解了思维导图，我们经过再三修改，终于确定了调查问卷：

思维导图调查问卷

学生卷

1. 您听说过思维导图吗？

   A. 听说过　　B. 从未听过（如选 B，则直接回答第 5 题）

2. 您了解思维导图吗？

   A. 了解　　B. 只是听说过（如选 B，则直接回答第 5 题）

3. 您经常使用思维导图吗？（如做到此题，便不需回答第 5 题）

   A. 经常用　　B. 偶尔用　　C. 没用过

4. 您认为思维导图帮您节省了很多时间和精力吗？

   A. 是的　　B. 一般般　　C. 没有感受到

5. 思维导图是一种节约时间和精力的学习方法，您希望了解它吗？

   A. 希望　　B. 会考虑　　C. 不会

小资料：思维导图提供一个有效的工具，运用图文并重的技巧，开启人类大脑的无限潜能。它充分运用左右脑的机能，协助人们在科学与艺术、逻辑与想象之间平衡发展。近来思维导图完整的逻辑架构及全脑思考的方法更被广泛应用在学习及工作方面，大量降低所需耗费的时间，对于绩效的提升，产生令人无法忽视的功效。

思维导图调查问卷

家长卷

1. 您的学历是？

A. 大专及以上　　B. 中专及以上　　C. 小学及以上　　D. 无

2. 您听说过思维导图吗？

A. 听说过　　B. 从未听过（如选 B，则直接回答第 6 题）

3. 您了解思维导图吗？

A. 了解　　B. 只是听说过（如选 B，则直接回答第 6 题）

4. 您经常使用思维导图吗？（如做到此题，便不需回答第 6 题）

A. 经常用　　B. 偶尔用　　C. 没用过

5. 您认为思维导图帮您节省了很多时间和精力吗？

A. 是的　　B. 一般般　　C. 没有感受到

6. 如果现在有一种非常轻松就能记忆英语单词的方法，只是需要半小时左右的时间才能将整套方法实施好，您希望了解它吗？

A. 希望　　B. 会考虑　　C. 不会

接下来，我们听完讲座后，我们知道了要敢想敢做、坚持不懈、灵活变通，一定要有“ITTA：I—idea，T—time，T—team，A—action”的精神。下面，我们终于开始调查了。我们选择在 5 月 21 日至 5 月 23 日调查中国农业科学院附属小学分部 4 ~ 5 年级的同学及他们的家长。

我们各打印学生卷、家长卷 530 份，然后，我们开始分发调查问卷，活动进行得很顺利，每个班的老师都很支持我们的活动，第二天和第三天，我们共收回了有效学生卷 343 份，家长有效卷 323 份，组员们来到组长的家进行统计，我们对这些问卷用 Excel 表格进行了统计，每份问卷占一行，每个选项占一列，A，B，C 分别用不同的颜色表示，这样只需把数据填入相对应的格子里即可，既清晰又方便！经过大家近 6 小时的努力，我们终于统计完了所有的数据，通过这次统计，大家也学到了：不管做任何事情都要有恒心，千万不能半途而废，因为如果你放弃了，就永远不会知道最终成功的果实有多么甘甜！

我们最终的统计结果是：① 约有 86.3%的同学知道思维导图；② 约有 71.4%的同学了解思维导图；③ 约有 15.7%的同学经常使用思维导图，约有 53.1%的同学偶尔使用思维导图，约有 31.2%的同学从未使用过思维导图；④ 在使用过思维导图的同学中，约有 42.4%的同学认为用思维导图做事很省时省力，约有 43.6%的同学认为用思维导图做事有一定的省时省力的效果，约有 14%的同学没有感受到用思维导图做事省时省力；⑤ 不了解思维导图的同学们，经过我们简短的介绍后，约有 62.3%的同学希望了解思维导图，约有 25.5%的同学会考虑了解思维导图；⑥ 约有 87.6%的家长是大专及以上学历，约有 9.6%的家长是中专及以上学历，约有 2.8%的家长是小学及以上学历；⑦ 约有 66.3%的家长知道思维导图；⑧ 约有 43.6%的家长了解思维导图；⑨ 约有 17.3%的大专及以上学历的家长经常使用思维导图，约有 23%的大专及以上学历的家长偶尔使用思维导图，约有 59.7%的大专及以上学历的家长从未使用过思维导图；⑩ 约有 9.7%的中专及以上学历的家长经常使用思维导图，约有 22.6%的中专及以上学历的家长偶尔使用思维导图，约有 67.7%的中专及以上学历的家长从未使用过思维导图；⑪ 约有 22.2%的小学及以上学历的家长经常使用思维导图，约有 11.1%的小学及以上学历的家长偶尔使用思维导图，约有 66.7%的小学及以上学历的家长从未使用过思维导图；⑫ 在使用

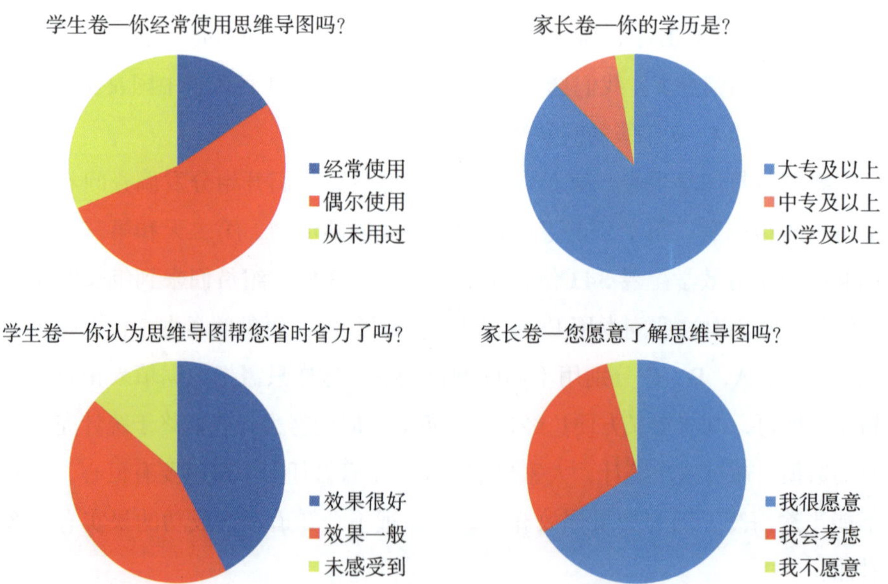

过思维导图的家长中，约有 65.4%的家长认为用思维导图做事很省时省力，约有 28.3%的家长认为用思维导图做事有一定的省时省力的效果，约有 6.3%的家长没有感受到用思维导图做事省时省力；⑬ 不了解思维导图的家长们，经过我们简短的介绍后，约有 65.9%的家长希望了解思维导图，约有 29.7%的家长会考虑了解思维导图。

我们的最终的统计结果让我们得出了结论：① 超过 85%的同学都知道思维导图，这说明思维导图在学生之间普及率较高；② 超过 70%同学都了解思维导图，这说明在学生中了解思维导图的人也较多；③ 经常使用思维导图的同学较少，仅占 15.7%，偶尔使用思维导图的同学较多，超过了 50%，从未使用过思维导图的同学也不少，占到了 31.2%，把这些数据综合到一起，我们发现，思维导图并不是同学们常用的学习工具，但大多数同学还是使用过思维导图的，这还能说明思维导图在学生中的使用率并不是很高；④ 在使用过思维导图的同学中，超过了 40%的同学认为用思维导图做事很省时省力，同样有超过 40%的同学认为用思维导图做事有省时省力的效果，综合以上几点，我们发现思维导图还是有着很不错的实用性的，因为超过 80%的同学都认同思维导图有一定的节省时间和精力的能力；⑤ 在不了解思维导图的同学中，经过我们简短的介绍，有超过 60%的同学希望了解思维导图，有超过 25%的同学会考虑了解思维导图，这能说明思维导图其效果对同学们的吸引力还是蛮大的，因为有近 85%的人都希望了解它，还有超过 25%的同学会考虑了解它；⑥ 只有超过 65%的家长知道思维导图，和同学们的数据相比，家长们的统计数据一下减少了约 20%，这说明家长间对思维导图的普及率还是不够高；⑦ 只有不到 45%的家长了解思维导图，所以了解思维导图的家长还是有些少；⑧ 大专及以上学历的家长中，大约只有 17%经常使用思维导图，有不到 25%的家长偶尔使用思维导图，但是竟有将近 60%的家长从未使用过思维导图。中专及以上学历的家长中，只有将近 10%经常使用思维导图，偶尔使用思维导图的家长也较少，只超过 20%，有超过 65%的家长从未使用过思维导图，小学及以上学历的家长中，也只有超过 20%的家长经常使用思维导图，偶尔使用思维导图的家长仅超过 10%，从未使用过思维导图的家长也超过了 65%，综合这 3 点，我们发现，还是学历较高的人群使用过思维导图的人更多。但是，即使是学历较高的家长人群，也较少有人经常使用思维导

图；⑨ 在使用过思维导图的家长中，有超过65%的家长认为用思维导图做事很省时省力，有不到30%的家长认为用思维导图做事有一定的省时省力的效果，和学生卷本题统计结果相比，有将近94%的家长肯定了思维导图有着一定的节省时间和精力的作用，所以这更加肯定了思维导图有着不错的实用性；⑩ 不了解思维导图的家长们，经过我们简短的介绍后，有超过65%的家长希望了解思维导图，有30%左右的家长会考虑了解思维导图，这能说明，思维导图其效果在社会上还是很受到欢迎的，因为在不了解思维导图的家长中，已经有超过半数的家长希望去了解它，还有一部分家长会考虑了解它。

综上所述，思维导图的普及率不管在学生间还是家长间，都是不错的。但是了解思维导图的家长还是不够多，还没有过半数。通过数据我们还发现，经常使用思维导图的学生较少，偶尔使用思维导图的学生很多，但在家长中却是从未使用过思维导图的人最多，每个数据都超过一半。所以，我们认为思维导图还是在家长中运用得不够广泛。还有，绝大部分的学生和家长都肯定了思维导图具有一定的节省时间和精力的能力，这能说明，思维导图是真的具有这一能力。最后，不了解思维导图的学生和家长们，经过我们简短的介绍后，绝大部分的学生和家长都比较希望了解它，这能说明，思维导图还是很实用的。

这样的研究结论让我们有权力评价：用思维导图帮助学生学习是很有效的，而且思维导图不仅能够节约一定的时间和精力，还能打破常规学习的乏味，给学习带来乐趣，最关键的是思维导图能运用在不同的学科和领域，所以思维导图真的是一个值得去使用的工具！

而且，这次研究小课题也让我们学到了很多东西，比如：能发现生活中的闪光点，从多个角度思考问题，要敢想敢做、坚持不懈、学会变通……所以，我们十分喜欢去研究小课题，也想去研究小课题。小课题，我们爱你！

小课题研究——
在孩子与家长之间
搭建一座心灵之桥

学习累不累？

学习成绩的依赖——课外班？

我和我的小伙伴们

大家好，我是谭笑言，是我们小课题组的组长。我是一个性格稳重、做事认真的女孩。我热爱读书，喜欢弹钢琴，还喜欢打乒乓球。我积极参与小课题研究的各个环节，包括选题、拟定调查问卷、统计调查结果、整理成文等。我和小组其他成员通过一次又一次的努力，成功地完成了此次小课题研究，获得了金鹏科技二等奖的好成绩。

我是任智青。我喜欢弹钢琴和吹萨克斯，因为音乐能陶冶人的情操；我还喜欢科技体育，因为生命在于运动和探索。我对世界充满了好奇，读万卷书，行万里路，通过读书和旅游感知世界。这学期，我参加了班里组织的小课题研究活动。我与谭笑言、吴钰嘉和廉洁组成了小课题组，选择并确定了学习成绩的依赖——课外班这个题目。在发调查问卷中，我主要负责与同学进行互动与交流，解答同学们的问题，协助同学们根据自己的实际情况来填写调查问卷。小课题的活动令我受益匪浅，让我学会了同学之间应该怎样合作来共同完成一件事情，同时，也让我懂得了做事情应该坚持不懈。

我是吴钰嘉，是我们小课题组的成员之一。我喜欢看书，吹长笛，还喜欢打乒乓球。我是一个活泼开朗的女孩，我做事细心认真。在我们的小课题研究组，我负责的是分发调查问卷。在我们的研究过程中，每一次活动我都认真、积极地参加。经过我们大家的共同努力，圆满地完成了小课题研究。

我是廉洁，我是我们小课题组的成员之一。我是一个性格内向，做事细心，踏实文静的女孩。我喜欢跳舞，喜欢看书，还喜欢打篮球。我在小课题组里负责打印调查问卷、拍照片、和本组成员一起讨论选题，收发调查问卷，统计结果等。经过我们大家共同的努力，圆满地完成了小课题研究。

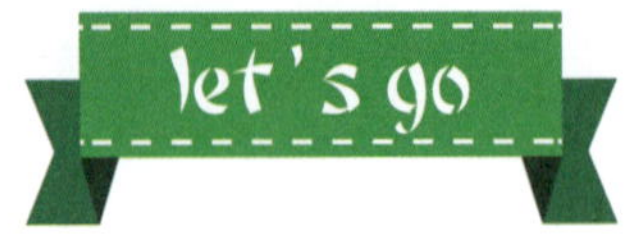

我们的故事

分发调查问卷中，有一件事令我们记忆深刻。

我们到了 S 班门口，透过门外的窗户，看到了 S 班正在改错题。我们喊了声报告，便推门进去。

老师瞟了我们一眼，我们赶紧说："我们是 8 班的小课题研究组，想在您班发一下调查问卷。"老师皱了皱眉头，不耐烦地说道："你没看我们正改错呢吗？现在不行！你们走吧！"

我们敬了礼，离开了 S 班。

下一次，我们吸取了上次的教训，和老师打过招呼后才去发放调查问卷。这次，我们成功地发完了调查问卷，尝到了成功的滋味。

做小课题令孩子们受益匪浅，让她们懂得了团结协作与探索精神。在几个孩子的共同努力下，从选题、调查问卷的设计、统计调查结果到撰写研究报告都是她们自己独立完成的。功夫不负有心人，她们的小课题研究荣获了海淀区二等奖的好成绩！使我们感到惊讶的是，通过一年的小课题研究的过程，孩子们仿佛突然间长大了，在很多事情上懂得了坚持不懈。看到孩子们的进步与成长，做为家长，我们为孩子们感到骄傲与自豪。感谢校领导与班主任老师给孩子们这次展现自我、锻炼自我的机会。在此，衷心地向老师们说一声谢谢。

（学生家长）

看到几位 12 岁的小姑娘的项目申报书，真是很欣喜，课题选题很现实，现在的课外班这么多，上课外班究竟对学生的综合素质有多大提高确需研究。研究思路清晰，如设计主题，查阅资料，调查实际情况，情况汇总，整理成稿。研究方法可行，调查问卷样本量大，有一定的普遍性。同学们分工明确，各负其责。这分明就是现在做科研的基本流程。课题做得很好，为同学们鼓掌。

（点评专家：王丹）

作者：谭笑言　任智青　吴钰嘉　廉洁
指导教师：陈爱红、谭丞

研究的起源

课外班，顾名思义就是课外补习班，是在课内学习的基础上加以提高的一种方式。而在现如今的社会上，课外班又以许多其他的名义出现在我们面前，如“某某学校的坑班”等。在孩子们看来，我们想要的是自由、美好与快乐；而在家长们看来，是希望自己的孩子个个都成绩优秀，努力奋斗，将来成为学者或知识分子。家长们的这种望子成龙的愿望我们都可以理解，但是有一个现实情况摆在这里：每个孩子都在不同的方面有自己的长处，他们都有不同的理想与愿望，所以就导致了这一点：有的孩子擅长学习，可能不擅长别的方面；有的孩子不擅长学习，而在别的领域表现突出。俗话说：“上帝给你关上了一扇门，便会给你打开一扇窗。”每个孩子就好比一间屋子，如果他不擅长这项，便会擅长另外一项。而现在中国的教育上是以“应试教育”学习为本，所以家长们便想方设法地让孩子去学习得更多，去提高学习成绩。在这种情况下，家长选择了给孩子报课外班来加以补习。现在的小学生学习压力非常大，主要原因就来源于课外班。在现实社会中，我们依然很难摆脱“应试教育”的阴影。随着小学生年龄的增长，家长施加于其身上的压力也随之而增大。或许每天能够听到小学生们在教室里朗朗的书声，但是却听不到他们玩耍、嬉戏的笑声。每天除了作业还是作业，除了课堂还是课堂。这样一来，孩子们失去了玩耍的时间。上了一天学的孩子，筋疲力尽地回到家，还要在家长的催促下去上课外班，晚上九十点钟才回家。有的孩子因过度疲劳，便导致没有写课内的作业，学校里的功课也就落下来了。每逢周六日，不但得不到休息与调整，而且比平时上学还要忙。我们小组的成员内，便有上述的情况。对这样一种现状，我们提出了质疑：如果要像上述的情况一样，这样上出来的课外班能起到应有的作用吗？又会对课内的学习产生怎样的影响呢？课内的学习成绩能完全依赖课外班吗？我们就这些问题，展开了一系列的调查与研究。我们想通过这次小课题的实践调查来表明我们的学习压力非常大，希望能在课外时间多干一些自己喜欢的事情，并且让家长在了解孩子的兴趣后让孩子自主报名参加课外班。下面就对我们的讨论、调查与研究做一个报告。

调查实际情况

调查对象： 中国农业科学院附属小学四、五年级学生。

调查地点： 中国农业科学院附属小学四、五年级各班教室。

调查时间： 2014 年 3 ~ 4 月

调查形式： 采用调查问卷进行实际调查（调查问卷见附 1）

调查问卷： 分学生篇、家长篇和教师篇（采用不记名式调查）

调查人数： 270 人。

具体分工： 任智青，与同学沟通，协助同学完成调查问卷。

谭笑言，与老师沟通，协助老师完成调查问卷。

吴钰嘉，给同学发调查问卷。

（注：家长篇问卷由同学带回家让家长填写，次日将问卷收回。）

统计数据结果

统计方式： 人工统计法。

统计结果： 经过我们一个多月的实际情况调查和统计，我们终于得到了答案，下面就将我们的调查结果报告如下：

是否喜欢上课外班？

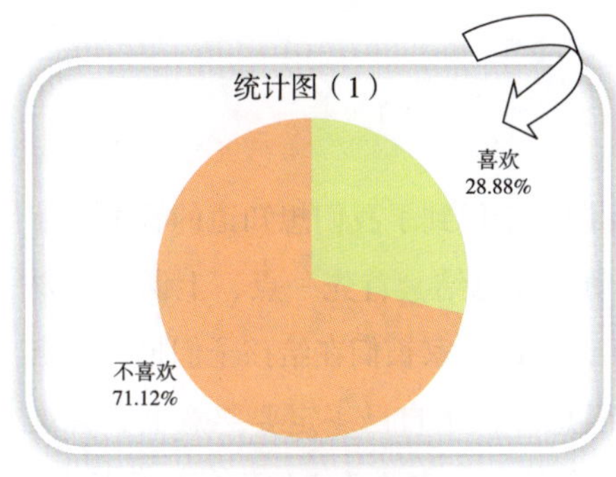

学生篇调查统计图

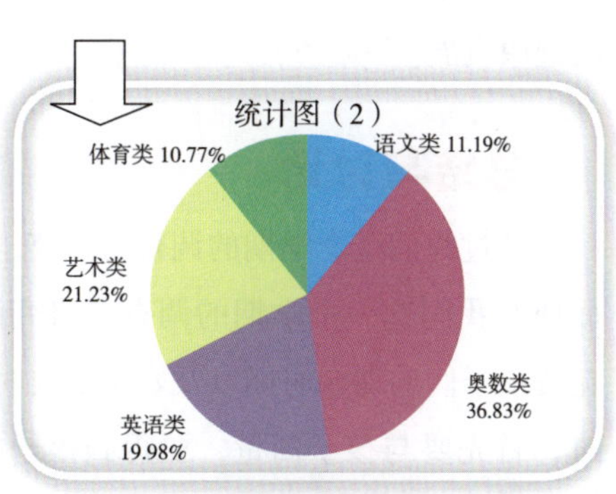

上课外班的类别

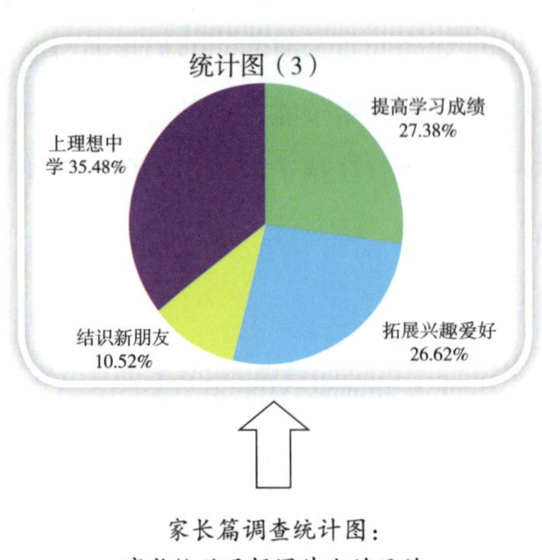

家长篇调查统计图：
家长给孩子报课外班的目的

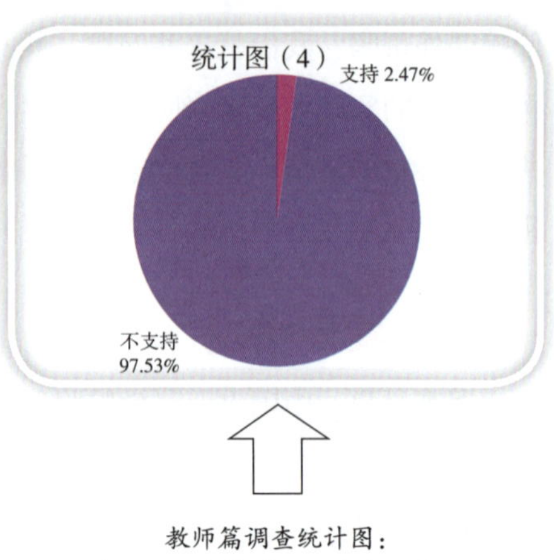

教师篇调查统计图：
老师是否支持学生报太多课外班

根据我们的调查结果显示，71.12%的学生回答的是不喜欢上课外班，他们上课外班的原因大部分都是家长让上的，他们不敢不去。现在大部分孩子上的都是奥数类、英语类和艺术类课外班，其中，奥数班的孩子居多，大约占 36.83%。在周末的两天里，大部分同学奔波在外上课外班的时间都有 5 ~ 8 小时。一周五天上学，有四天孩子放完学后还要去上课外班。上了这么多课外班，当问到有几个是你自己主动要上的时，同学们的回答大多是在家长的逼迫下被逼无奈去上的课外班，这是件多么痛苦的事！而在家长们看来，给孩子报课外班的目的主要是上理想中学和提高学习成绩，在这两点中，把目标定为上理想中学的家长居多。在我校的老师看来，现在的孩子普遍压力很大，上课外班对孩子的课内学习是有负面影响的，教师们普遍不支持孩子上过多的课外班。在此次调查中，我们荣幸地采访到了我校的李校长，她跟我们讲到：“孩子正处在生长发育阶段，不能过度的疲劳和劳累，上过多的课外班不利于孩子的健康发展。”

总结与讨论

经过我们这个学期的调查与研究，我们终于得到了我们想知道的答案。下面便对我们这一个学期的调查与研究活动作以总结。首先一点，上课外班要花费孩子们的课余时间以及娱乐玩耍时间，所以，家长们在给孩子们报课外班时，首先要与孩子商量，要得到孩子的同意。孩子自己一定要愿意上、喜欢上。第二点就是孩子上课外班的过程中，家长们一定要关心他们的变化情况，要多跟孩子沟通，与孩子之间形成一座“心灵之桥”，经常与孩子谈谈心，多鼓励孩子，这样才能起到好影响，不会扼杀孩子的兴趣。经过我们调查出来的结果显示：现在我们这一代人普遍都上了很多和应试教育有关的课外班，上的人少有两三个补习班，多有六七个。而导致我们这一代人体育素质都很低，大部分孩子缺乏体育锻炼。所以我们建议，家长们在给孩子报课外班时，不妨多多考虑一些体育班，也能在课余时间内，得到一些有效的体育锻炼。现在社会上的课外班可谓是五花八门，要把它们分分类的话，那就是文化课补习班、艺术特长班和体育特长班。现如今中国在艺术教育方面，还处于落后的阶段，大家还没有了解到艺术教育的重要性。而我们现在校内的艺术培养课极度缺乏，学的内容也极为浅显，所以，上一些艺术班还是有必要的。至于文化课补习班，我们在校内学得已经不少了，如果再在课余时间里上些文化课补习班，是否有些太单调无趣？人需要“德智体美劳”全面发展，孩子只会学课本上的知识，而其他的事情都不会做这是不行的。总之，上课外班必须要遵循那两点要求，才能达到应有的效果。21 世纪的孩子们，让我们不再受课外班的压迫，自由快乐地生活吧！与大自然携手同行！

附：

调查问卷：学生篇

注：此调查问卷采用不记名式，你填写的内容将被保密，谢谢你的配合，望如实回答！

（1）你喜欢上课外班吗？（　　）

A. 喜欢　　B. 不喜欢

（2）你上的课外班都有什么类型？（可多选）（　　）

A. 语文类　　B. 奥数类　　C. 英语类

D. 艺术类　　E. 体育类　　F. 其他类

请注明：________________________________

（3）你是自愿上课外班的吗？（　　）

A. 完全自愿　　B. 大部分自愿　　C. 一半一半

D. 小部分自愿　　E. 被逼无奈

（4）周六周日，你奔波在外去上课外班有多长时间？（算来回路上时间）（　　）

A. 0 小时　　B. 1 小时以下　　C. 1-3 小时

D. 3-5 小时　　E. 5-8 小时　　F. 8-10 小时

G. 10-13 小时　　H.13 小时以上

（5）一周五天里你有几天放学后有课外班？（　　）

A. 没有　　B. 一天　　C. 两天

D. 三天　　E. 四天　　F. 五天

（6）你在校内的学习成绩好吗？（　　）

A. 优秀　　B. 良好　　C. 一般般　　D. 不太好

（7）你认为你平常上课外班对你的学习有影响吗？（　　）

A. 有影响　　B. 没影响

（8）如果有，是什么样的影响？（　　）

A. 成绩上升　　B. 成绩下降　　C. 没影响

（9）你认为你上课外班的目的是什么？请认真答题：____________

（10）课外班老师讲的你都理解并学会了吗？（　　）

A. 都　　B. 大部分　　C. 个别　　D. 都没

调查问卷：家长篇

注：此调查问卷采用不记名式，您填写的内容将被保密，谢谢您的配合，望如实回答！

（1）您的孩子报课外班了吗？报了几个？（　　）

A. 没报　　B.1-3 个

C.4-7 个　　D.7 个以上

（2）您在报课外班时，关注孩子的想法吗？（　　）

A. 总是　　B. 经常

C. 偶尔　　D. 从不

（3）您给孩子报课外班的目的是什么？（　　）

A. 提高学习成绩　　B. 拓展兴趣爱好

C. 结识新朋友　　D. 上理想中学（坑班）

E. 无目的　　F. 其他

请注明：____________________

（4）您觉得您给孩子报的课外班对孩子的学习有影响吗？（　　）

A. 有影响　　B. 没有影响

（5）您认为课外班主办方办班儿目的是什么？（　　）

A. 不认真教学，光坑钱

B. 帮助孩子提高成绩

（如果您给孩子报名参加了许多课外班，并选择了选项 A，请您注明理由：

____

____

家长签字：__________

（为了对学生信息进行保密，家长只需在“家长签字”后面签上“家长”二字即可，无需注明姓名）

调查问卷：老师篇

注：此调查问卷采用不记名式，您填写的内容将被保密，谢谢您的配合，望如实回答！

（1）您觉得现在孩子的学习压力大吗？（　　）

A．压力很大　　　　B．压力不大

（2）您觉得报外班对孩子的学习成绩有影响吗？（　　）

A. 有影响　　　　B．没有影响

（3）您觉得学生家长给孩子报外班的目的是什么？？（　　）

A. 提高学习成绩　　　　B. 拓展兴趣爱好

C. 结识新朋友　　　　D. 上理想中学（坑班）

E. 无目的　　　　F. 其他

请注明：________________________________

（4）您支持学生报很多课外班吗？（　　）

A. 支持　　　　B. 不太支持

请注明理由：________________________________

致谢：

我们这次研究是通过调查问卷式的方法进行实际调查的，共调查了我校将近250名在校学生和22名在职教师，大家给我们提供了宝贵的事实数据情况，在这里我们研究小组三名组员向大家致以诚挚的感谢！同时，我们还要感谢我们敬爱的陈老师和谭老师，你们对我们的辛勤指导，我们感激不尽！谢谢！

好胃口
从一口好牙开始
关注牙齿健康
从现在做起

牙齿怎么不见了

小学校 4 ~ 5 年级同学口腔健康行为的调查分析

我和我的小伙伴们

苗梓璋，2003出生，汉族，班级中队委组织委员，积极协助老师组织班级各项活动，尤其是在六年级的篮球比赛中担当了练习、比赛指导的角色，被同学们亲切地称为“苗指”。学习成绩优秀，兴趣广泛，除篮球外，还喜欢乒乓球和单片机。2014年荣获海淀区智能控制（单片机）竞赛一等奖。

李逸霜，祖籍云南，出生于2002年10月25日。这位帅气的哈尼族小男子汉热情、开朗，阳光，乐于助人，团结同学。在班级里担任中队委员，负责纪律和体育等方面事项。李逸霜爱好广泛，在音乐、体育、科技方面都有不俗表现。在学校管乐团担任双簧管首席，学校篮球队中担任“中锋”同学团结努力，最终为六（8）班摘得冠军荣誉。

郑伟鹏，2002年11月21日出生，善良，热爱劳动，动手能力强，头脑很聪明。

吴龙，12岁，喜欢篮球，校班级篮球队主力队员，在六年级篮球冠军争夺战中，勇于拼搏，连续投中3个三分球，终于使六（8）班反败为胜，获得冠军。

团队的口号：“有梦想，就有力量，追梦的少年，永不止息，健康成长。”

(一)计划和行动

1. 背景介绍：为什么要展开这次调研

选题来自于早晚妈妈的唠叨：每次刷牙时，老妈经常对我说："刷牙时间应该是 3 分钟，你半分钟都不到。你刷牙太不认真了，长期这样，你的牙会被细菌吃掉的！"我心想，有必要刷那么长时间吗？我要通过设计问卷调查周围同学刷牙的时间真有 3 分钟那么长吗？后来，我们发现，现在很多人都在关注牙齿的健康，很多儿童爱吃甜食，引起了虫牙。一些儿童不爱刷牙，引起了牙周炎。既然这么多的人牙齿有问题，我们为什么不以这个主题作为小课题题目呢？我们就这样定了这个主题。

2. 调查开始的准备工作

——确定调查主题：周围同学的口腔保健意识和行为习惯。

——设计调查路线：问卷调查

——撰写调查方案：查阅资料，向口腔科大夫请教，设计与同学的口腔保健意识和行为习惯的调查问卷。

3. 调查的过程

第一步　准备材料：

在这次小课题中我们准备了调查问卷、马克笔、纸、日记本、笔记本电脑和手机。

第二步　活动实施

我们这次的课题主要是调查同学们的口腔健康情况，但是在此之前，我们不是这样想的，那时候我们想用一些已经掉落的牙齿泡在各种各样的饮料里，比如果汁、可乐、芬达等，后来我们发现有一些困难，一是我们找不到以前掉

落的牙齿，二是我们没有实验器材分析牙齿成分的变化。所以，我们就放弃了这个主意，把精力集中在调查同学们的口腔健康行为情况的主题上。

第三步　在调查过程中的心理变化

在这次小课题调查过程中，我们组没有想过放弃，也没有想过逃避，只是在统计数据时出了很多问题。统计数据这个阶段是最枯燥也是最累的一个阶段，当然有的同学就会偷懒，比如说有一次一个同学统计数据时少输了一些数据，后来被组长查了出来，就让他重新输入了一遍。

4. 调查的结果

我们发现，95.5% 的学生每天至少刷牙一次，但刷牙时间差异较大，刷牙时间为 3 分钟或以上的学生比例仅为 1.6%，大部分同学刷牙时间为 2 分钟左右，近 1/3 的学生刷牙时间仅为 1 分钟，还有一部分同学刷牙时间不到 1 分钟。认真有效刷牙的同学仅占很小一部分，我们调查人群的过去 12 个月口腔科就诊率为 74%，过去 12 个月有过牙疼的学生比率为 30.6%，口腔科就诊率明显高于牙疼比率，据此可以推测以牙痛为主要就诊原因最多占 30%，还有大约 44% 的学生可能是常规的定期口腔检查。

在这次小课题研究中我们有了一些感悟，也收获了许多知识："防病优于治病"，小学时期是形成口腔卫生习惯的关键时期，学校和家长应该大力引导和督促，促使全体同学有效刷牙、培养良好的口腔保健习惯，受益一生！早期蛀牙或牙龈炎的症状难以察觉，如在疾病初期及时治疗，能有效地减少口腔疾病发生，从看病费用多少和对牙齿健康的影响大小来看，可起到事半功倍的效果。因此，应大力提倡家长定期带孩子做口腔科检查。

（二）我们的故事

故事一：牙齿不见了

在小课题这个艰难而又充满乐趣的事情结束后，我又重新回顾了那些发生的往事，有的是快乐的，有的是困苦的，而在这些事中，有一件事是令我最难忘的。

我们组研究的是对牙齿健康的调查，而我们就调查了喝饮料对牙齿的影响。我们组买了许多饮料，如可乐、雪碧、芬达、果汁等饮料，拿李逸霜掉了的牙齿浸泡在各种饮料中，看饮料对它们的影响。这时该吃饭啦，我们就都去吃饭了。而当我们回来后，发现在可乐里泡的牙齿不见了，而可乐也没洒，旁边也没有，我们惊奇地发现那颗牙齿竟被泡没了，由此可见可乐对牙齿的影响有多大。而其他的牙齿也有不同程度地被腐蚀，不过都没有那么严重和夸张，所以喝可乐对牙齿是非常不好的。

这件事一直被我们牢记。

（吴龙）

故事二：小课题的难忘故事

虽然小课题研究已经结束了，不过在研究过程中我们组发生了许多难忘的故事，使我至今难忘。

有一天，我们准备去发放调查问卷，忽然我们的样卷不见了，我们都很不高兴，因为那个样卷对我们很重要，苗梓璋甚至大吼：“你们怎么能把它弄丢了呢！你们还想做研究吗？啊！说话啊！”

……

我们只能到处去寻找那张样卷，可是，我们还是没找到，我们几乎绝望了。最后，我们不得不做了一张新的问卷，几乎浪费了我们一整天的时间。

第二天早晨，苗梓璋来学校后发现那张让我们几乎崩溃的样卷竟然在他的桌洞里乖乖地躺着呢。不过，新的调查问卷已经设计好了。它也就成了一个过去。

这件故事让我们知道：凡事都不像表面那么简单，只要你打开思路去想，总能发现事情的真相。

（李逸霜）

故事三：印象最深的故事

我们在做小课题的时候有很多故事，对我印象最深的事情发生在发放问卷的时候。

首先，我们设计了问卷，我们定了一个时间一起去李逸霜家。然后我们设计了一些问题，打印了出来，打印很多份，到了学校给五年级的同学们发了问卷。第二天，我们收回来问卷开始统计数据，录入电脑并列出了表格，接着我们又发给了四年级的同学，继续统计数据。问卷满桌都是，都忙不过来了。在统计数据时出现了问题，怎么都对不上啊！4 个人忙得满头大汗，找来找去，

结果发现是整个打串行了，我们又重新整理、重新录入统计数据。忙了半天终于统计完了，我们大家又累又渴的，打字打得手都痛了。

不过我们还是非常高兴的，没有辜负自己的劳动，看到我们的累累战果，我们什么困难都不怕了。

（郑伟鹏）

故事四：小课题的故事

有一次在统计数据时，郑伟鹏和苗梓璋负责用电脑录入数据，吴龙和李逸霜负责念数据。这时只听李逸霜吼了一声就跑过来对苗梓璋说："郑伟鹏统计时出错了，快过去看看。"苗梓璋过去一看，对郑伟鹏说"你做事情为什么这样不用心，看这几个班都被你搞串了。"李逸霜生气地说："瞧你干的！后面不让你干了！"吴龙也埋怨说："你认真点行不行，你瞧我们又要再输一遍。"原来郑伟鹏在统计时把几个班的数据搞串。过了一会儿，苗梓璋妈妈过来说："没事，人非圣贤，孰能无过，大不了再做一遍吧，我也帮你们做一点吧。"苗梓璋说："算了，我们再做一遍，但郑伟鹏要认真一点。"李逸霜说："你认真点，要不然我们又要重做。"郑伟鹏点点头，这就是我印象里最深的一件事。

小课题研究中的小故事

历经半年之久的小课题研究，六（8）班的同学们取得丰硕的成果，在经过调查问卷，整理数据，做试验，最终完成长达上万字的论文.无不浸润了孩子们做辛勤的汗水.在陪伴孩子做研究的过程中，发生了一些难忘的事情.至今有一件事让我记忆犹新.

我儿子组研究的是"关于牙齿健康"的小课题。暑假中，遇到亲戚朋友和熟人都要热情传授保护牙齿的知识。每天监督家人早中晚刷牙，为了做实验，儿子软磨硬泡把我珍藏的他换下的乳牙，全部拿去做试验，结果那些乳牙全部被可乐腐蚀光了，我当时好心疼啊！这些乳牙，曾是儿子成长的见证。儿子安慰我说："妈妈，虽然我的小乳牙'牺牲"了，但是让更多的人知道保护牙齿的重要性，它可是做大贡献了。"通过这件事，我忽然发现儿子长大了，懂事了，有责任感了。由衷地感谢陈老师组织的这项活动，锻炼了孩子的意志，培养了孩子们的责任心.

（李逸霜家长）

小课题的故事

我们在孩子做小课题时，主要是为他们服务，同时也关注他们小课题选择的内容。

孩子们做的小课题是关于小朋友口腔卫生的调查，选题与孩子平时刷牙的习惯有关。

我们每天督促孩子刷牙，可是孩子经常不认真刷牙，刷不到一分钟就匆匆了事。

妈妈说："你刷牙时间不够，起不到清洁口腔的作用。"孩子不听，还辩解说："时间够，时间够了。"妈妈说："孩子，咱们从幼儿园到小学期间去过几次口腔医院，大夫每次看完牙都叮嘱：记着每天要刷牙，每次刷牙时间要保证两分钟。你怎么不记得了？看牙时很痛，痛完了就忘了？"

我们想趁着这次小课题，让孩子多了解口腔卫生的知识，同时了解其他小朋友是怎么做的，是不是大多数小朋友有良好的刷牙习惯，让他们做一次这样的调查。当我们将这个想法告诉孩子后，孩子欣然同意了。

孩子的小课题就这样开始了。

（苗梓璋家长）

课题活动虽小，但确能培养孩子观察事物、寻找其中的规律的能力。千里之行，始于足下。学校老师组织孩子从这样精彩的小课题做起，可以激发他们探求未知领域的好奇心和欲望，如果持之以恒，定能成就我们国家美好的未来！

（苗梓璋家长）

作为家长，对孩子的活动都很支持，希望他们能在实践中得到他们想要的

东西，自己去研讨，自己去发现，自己去总结，也让他们感觉到团体的力量是很大的，他们可以组织，分工，各尽所能，取长补短，团结就是力量啊！

（郑伟鹏家长）

对孩子参加的活动全力支持，通过这些活动，孩子们自身得到锻炼，潜能被开发了，视野开阔了，懂得了团结协作的精神。对集体荣誉有了更深的认知。

非常感谢学校组织这项活动，对孩子的成长和发展，有着深远的意义。更要感谢班主任陈爱红老师的辛勤付出和努力，为孩子在农科附小而骄傲；为孩子在六（8）班而感到自豪，为孩子们加油！

（李逸霜家长）

小学生口腔卫生习惯和行为的调查，大多由医生和专业的研究人员进行，其调查结果对小学生日常口腔保健习惯影响不甚清楚，很少引起小学生的关注和兴趣。这篇调查是小学生对自身口腔卫生习惯和行为的探究，可以唤起小学生对口腔健康行为习惯的重视，具有一定的新颖性。这篇小课题对推进我国以学校为基础的学生口腔健康教育活动和口腔疾病预防控制策略，具有积极的促进作用。

（学生家长）

口腔卫生是关乎小学生身体健康的一个重要方面，作者立足促进小学生口腔卫生方向选题，具有促进学生健康发育的重要现实意义和创新意义。该研究设计思路清晰，问卷设计合理，对有效问卷的筛选符合基本筛选要求，并取得了预期调查结果。通过调查发现，所调查学生每天刷牙两次以上的占62.4%，进食含糖食品2~3次/周的占48%，看过牙医的占74%。这一结果，对在本校进一步开展学生口腔健康宣传工作可提供相应研究数据，具有一定参考意义。通过对研究的方案设计、调查开展及结果分析，体现出作者具有一定探索研究精神。

（点评专家：徐海泉）

研究报告

我校4~5年级同学口腔健康行为的调查分析

作者：苗梓璋　李逸霜　郑伟鹏　吴龙
指导老师　谭丞　陈爱红

小学时期是长知识、长身体的重要阶段，“健康从牙齿开始”，口腔牙齿健康一直就是一个大问题，刷牙是去除牙菌斑、保持口腔清洁的重要自我保健方法，通过正确刷牙可以清除牙齿表面和缝隙的食物残渣和牙菌斑，减少蛀牙、牙痛或牙龈红肿的发生。通过平时谈话发现，我班同学大多喜欢甜食，还有一部分同学刷牙往往是敷衍了事，有的同学刷牙时间仅10秒钟。这些不良的口腔卫生习惯和行为对保持口腔健康很不利，有可能引起蛀牙、牙痛或牙龈红肿。为了确切了解周围同学口腔保健意识和行为习惯的现状，有多少同学口腔卫生习惯良好，有多少同学口腔卫生行为需要改进，我们对我校4~5年级的同学展开了有关口腔健康的问卷调查。希望通过这次调查提高我校学生和家长对口腔健康行为习惯的重视程度，养成良好的护牙保健习惯。

一、资料与方法

1. 调查对象

我校4~5年级同学的口腔保健行为和习惯。

2. 调查方法及内容

参考相关文献，设计调查问卷，问卷的主要内容包括同学本人的口腔卫生行为、饮食习惯和口腔科就医情况。由学校指导老师和项目成员共同组织，发放问卷，问卷不记名，以班级为单位发放，在教室统一说明填写问卷方法，次日收回。

3. 数据录入及统计分析

数据录入由项目成员负责，采取同份问卷双人录入，以减少误差。采用EXCEL软件处理，以百分率统计各项数据。

二、结果

剔除回答选项不完整的问卷，本调查共收回有效问卷235份。

1. 口腔卫生行为情况

我校4～5年级同学口腔卫生行为详细调查结果见表1，其中引人关注的是：每天刷牙两次以上的同学占62.4%，但是仅有1.6%的学生每次刷牙时间达到3分钟。达到有效刷牙的标准。

表1 4～5年级同学刷牙情况（%）

每天刷牙次数（次）				每次刷牙时间（分）				开始刷牙年龄（岁）			
<1	1	2	3	1	2	3	4	2	3	4	5
4.5	33.1	59.5	2.9	27.8	70.6	0.4	1.2	28.5	49.8	14.9	6.8

2. 含糖食品的饮食习惯

我校4～5年级同学每周2～3次进食含糖食品（包括加糖果、甜点和巧克力等）的比例为48%，31.6%的学生每周进食含糖食品不到1次。每周2～3次进食含糖饮料（包括加糖的果汁、牛奶）的比例为43%，37%的学生每周进食含糖食品不到1次，详细情况请见表2。

表2 4～5年级同学饮食情况调查表（%）

每周吃甜点次数				每周喝甜饮料次数				每周喝牛奶次数			
<1	2-3	4	>4	<1	2-3	4	>4	<1	2-3	4	>4
31.6	48	15.3	5.1	37	43	16.6	3.4	36.3	52.3	6.3	5.1

3. 口腔科就医行为

我校4～5年级同学过去12个月有过牙疼的比率为30.6%，过去12个月74%的同学看过牙医，看过牙医的同学生比率远远高于牙疼的学生比率，提示：即使孩子没有牙痛，大部分家长都有带孩子进行定期口腔检查的意识和习惯（表3）。

表3 4～5年级同学过去1年牙疼及口腔科就医情况调查表（%）

有牙疼吗？				看过牙医吗？	
疼	不疼	微疼	不详	看过	没看
30.6	60.1	3.8	5.5	74	26

三、讨论

为了保持口腔的清洁和健康，口腔科医生推荐学龄儿童每半年左右定期看一次牙医，进行口腔检查；同时每天至少刷牙两次，每次不少于 3 分钟。刷牙是去除牙菌斑、保持口腔清洁的重要自我保健方法，正确有效地刷牙可以清除牙齿表面和缝隙的食物残渣和牙菌斑，减少蛀牙、牙痛或牙龈红肿的发生。我们的调查发现，95.5% 的学生每天至少刷牙一次，高于全国的统计数字 82.0%，但刷牙时间差异较大，刷牙时间为 3 分钟或以上的学生比例仅为 1.6%，大部分同学刷牙时间为 2 分钟左右，近 1/3 的学生刷牙时间仅为 1 分钟，还有一部分同学刷牙时间不到 1 分钟。刷牙时间太短，食物残渣会滞留在牙齿表面和缝隙之间，在细菌作用下，日积月累容易形成牙菌斑，还可进一步发展成蛀牙或牙龈炎（即牙龈红肿）。许多研究证明牙龈出血红肿的发生率与每天的刷牙次数和每次刷牙时间长短相关，虽然高达 95.5% 的同学每天刷牙，但有效刷牙的同学仅占很小一部分，足够长的刷牙时间是每天不断地彻底清除牙菌斑，预防蛀牙或牙龈红肿的必要条件。因此，为了预防蛀牙或牙龈炎，保证牙齿健康，应该强化同学们进行牙病防治的意识，使更多的同学掌握正确有效的口腔保健方法。

随着生活水平的提高，同学们进食含糖食品量和次数相应增加，我们的调查发现超过 70% 的同学每周进食含糖食品（包括加糖果、甜点和巧克力等）和饮料的次数为 2 ~ 4 次，只有约 31.6% 的学生每周进食含糖食品不到 1 次。研究证实蛀牙发生率与频繁进食含糖食品的行为有关，经常进食含糖食品的学生蛀牙发生率相对较高。为了减少蛀牙发生，同学们应尽量减少含糖食品的摄入次数。

我们调查的人群，过去 12 个月口腔科就诊率为 74%，过去 12 个月有过牙疼的学生比率为 30.6%，口腔科就诊率明显高于牙疼比率，据此可以推测以牙痛为主要就诊原因最多占 30%，还有大约 44% 的学生可能是常规的定期口腔检查或窝沟封闭等口腔预防保健服务。因此，可以推断，定期口腔检查的比例至少占 44%。“防病优于治病”，早期蛀牙或牙龈炎的症状难以察觉，在疾病初期及时治疗，能有效地减少口腔疾病发生，从看病费用多少和对牙齿健康的影响大小来看，可起到事半功倍的效果。因此，应大力提倡家长定期带孩子

做口腔科检查。

选择我校 4~5 年级同学生做问卷调查，是因为 4~5 年级同学有一定的辨别能力，可以自己填写口腔卫生习惯调查问卷，本调查人群护牙意识和习惯良好，但仍有 1/3 的同学刷牙时间明显偏短，没有定期进行口腔科检查的习惯；在口腔卫生习惯方面还需要改进加强。小学时期是形成口腔卫生习惯的关键时期，学校和家长应该大力引导和督促，促使全体同学有效刷牙、培养良好的口腔保健习惯。

凡事有度
这个度还得自己来掌控
喜欢但是不盲目
就能体会并得到
动漫对我们成长的好处

喜欢还要有选择

动漫对青少年成长的影响

我和我的小伙伴们

组长：
李水如

我叫李水如，今年 12 岁。我活泼开朗，随机应变，担任着班级宣传委员的工作。爱好和擅长画画、弹钢琴，并喜欢读书。

组员：
隋新艺

我叫隋新艺，今年 12 岁。爱好广泛，喜欢拉小提琴、唱歌。兴趣爱好是画画、打篮球、打乒乓球等。我性格开朗，聪明机智，担任学校大队委和广播员的工作。

我叫霍凯懿，今年 12 岁。我活泼机智，乐于助人。喜欢游泳、画画、读书。擅长弹钢琴和古筝。

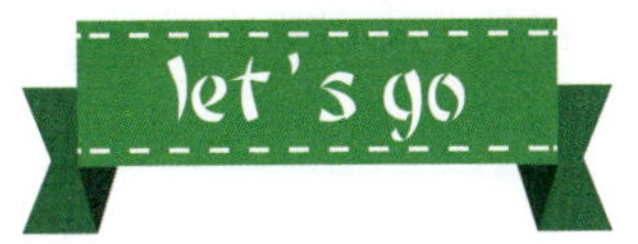

（一）我们的计划

研究背景和目的： 动漫以其强烈的讽刺性、幽默性、教育性深深打动着青少年们的心弦，为我们所喜爱。我们调查小组的同学都是动漫爱好者，但是在同学家长和老师们中，有很多人不支持孩子看动漫，他们认为动漫会影响孩子的学习，还会影响孩子的健康成长。基于这一现状，我们拟定了我们的研究课题——“动漫对青少年成长的影响”。以发放关于“动漫对青少年成长影响”的调查问卷的形式，研究动漫对青少年成长的影响，并做出说明和结论。

研究方法： 我们设计了针对家长和学生的两种调查问卷，调查卷在动漫展上发放给家长和孩子，当场收回。最后统计出每种答案占总人数的百分比。然后根据不同答案的百分比分析动漫对青少年的实际影响，并深入分析产生影响的原因。最后总结调查结果，并提出能对青少年产生积极影响的动漫推荐作品以及不良影响的不推荐作品。

研究预期结果： 动漫对我们青少年们有着很大的影响。我们小组希望通过对“动漫对青少年成长影响”这一课题的研究，最终在研究成果中希望青少年们能提高辨别能力，有选择性，适量地观看动漫，并有选择性地借鉴，发挥动漫对我们最大的好处。

调查小组分工： 李水如（组长）：确定调查主题，调查问卷题目设计，调查活动的组织，调查问卷发放，数据统计，调查论文写作；隋新艺：调查问卷设计，调查问卷的打印、发放，调查日志填写，数据统计，调查问卷发放。霍凯懿：调查问卷的打印，调查问卷的发放。

调查的结果： 大部分动漫有正面积极的影响，极个别不良的动漫有负面消极的影响。青少年们应有选择地观看动漫。

我们得到结论后非常开心、激动。

（二）成功，让我们更自信

设计好的调查问卷新鲜出炉，我们就迫不及待的前往漫展发放调查问卷。

霍凯懿家住得远，所以要晚些到，于是我和隋新艺要先发一部分调查问卷。刚开始，我们不敢发，怕被拒绝。来回来去围着动漫展台走了一大圈，也没敢发出去一张。

终于，在家长的鼓励下，隋新艺勇敢地发出了第一张！看到她的表现，我也发出了一张调查问卷。

令人出乎意料的是，接受调查的人都很给力，我们只被拒绝过一次，还有人看到我们发问卷，主动来填写，而且填写得十分认真，边写还边跟我们聊几句。这使我们放松了许多，有了动力，效率倍增。

过了一会儿，霍凯懿到了，和我们刚开始一样，她也不敢发问卷。我和隋新艺鼓励叫她放松，把接受调查的人都假设看成大萝卜。

好不容易，她才发出第一张，但是不巧，残忍被拒。她失去了信心，想要放弃。经过我和隋新艺还有家长的鼓励、劝说，终于成功发出了调查问卷，并且效率提升，发了不少问卷。

通过这件事，使我们更有自信和毅力了。

（李水如）

在 2014 年 8 月份，我们终于结束了发放漫画或动漫对学习有影响的调查问卷的活动，投身到统计数据之中。

统计数据本来就是一件很枯燥的事，一开始我们糊里糊涂地统计，统计到一半的时候，才惊奇地发现——我们在发放调查问卷的时候把统计表给弄丢了，还得从头慢慢来！这一系列的事情把我们整得焦头烂额，而且在炎热的夏季，谁不想回家在空调屋里躺着？我们甚至想到了逃避，但是又想，事情早完成和晚完成不是都一样吗？于是我们又鼓起劲儿来，接着统计。

我们就在那里念，李水如就在那里录入电脑，过了不一会儿就统计好了 50 多份。

我们也是要劳逸结合的，统计了差不多 20 分钟，还没有算百分比，就忍不住要试试玩游戏了，小孩子的本性还是贪玩的嘛，于是乎，我们一直从两点半玩到了四点……

突然，李水如意识到了不对，她对我们说："还要继续统计呢，同志们，起来！"说罢，便拉起霍凯懿的手，拽她起来。霍凯懿却好像赖在了电脑桌前，不走了。我虽然也很贪玩，但也知道轻重，再想，我们都已经付出了，还有什么理由不努力呢？而且我们都是对动漫有爱的人啊。想到这里，我和李水如一起工作了起来，霍凯懿也放下手中的鼠标，凑到了这边。

功夫不负有心人。我们统计完了后，才尝到成功的滋味。

（隋新艺）

最初，老师让我们展开小课题的时候，讨论研究的项目，我和我们小组的成员隋新艺、李水如焦头烂额地想，提了好多条建议，都被否定了。比如，画数字油画的时候用什么颜料好？被否定了，原因是，这个上网一查就知道了，根本没有研究的必要。再比如，二手烟的危害有哪些？也被否定了，原因是这个大多数人都知道，依旧是没有研究的必要。想了好多条，半个小时就这么晃过去了。我们三个人都在那低头想，忽然之间我看到了漫画书，于是在商议后，把题目定为"动漫对青少年的影响"。

单单一个研究的项目，就需要这么麻烦，更何况后面的事情呢？但是，我们并没有轻易放弃，做什么事都要经过努力的过程，所以，只要开始了，就要完成。

（霍凯懿）

我们实际上进行了两次调查，一次是小范围的调查，后来发现很多人看的同样的动漫，但是影响不一样。这是因为我们的调查问卷出题设计不周到。后来我们重新设计了"动漫里对你影响最大的一句话"的问题，又重新做了一次调查。看来在调查中发现漏洞后及时更正很重要。

另外，在研究调查遇到困难时，也有想过要放弃，但看到大家的坚持与努力，使我们坚持了下来。通过这次研究调查，我们更加明白了团结合作的重要性，并且学会了坚持。

（小组成员）

李水如是小课题组的组长，从开始确定小课题题目后就经常与小组成员在电话中嘀嘀咕咕，商量如何调查如何统计。因为课题是关于动漫的，所以每次大型动漫展，她们几个都要不辞辛苦地劝说几位家长一起带她们去参加。在展会上，她们开始比较拘谨，不敢拿出问卷，经过几个家长的反复鼓励后，才逐步放开，积极主动地与展会上的孩子们交流。从发放调查问卷到统计结果历时将近半年，一共发了两百多张。从设计问卷内容到调查活动有条不紊地一步步展开，我能感受到孩子们非常用心在做，而且还克服了大家调查时间上的冲突、设计问卷出现漏洞等意外。

到最后写论文时，李水如每天做完作业后就关起门来埋头工作，有几次一直忙到深夜。其间，小组成员好几个周末都在一起讨论修改，还请其他同学和同学的父母提修改意见。我开始担心孩子写不好，就主动提出帮忙代劳，但是她们坚持要自己独立完成，当我看到她们的初稿时，从内心里觉得我的担心是多余的，她们完全有能力完成这项任务。所以她们这一路上的坚持，非常让我感动，我坚信在活动中体现的这种锲而不舍的精神将使她们受益终生。

（李水如家长）

选题现实，研究思路清晰，研究方法可行，分工明确，结论严谨。特别是在实际调查后发现调查问卷的缺点后及时调整，然后再次调查，钻研的态度非常可取，这正是科学研究最需要的品质。孩子们从这个小课堂研究中学到了严谨、科学、团结合作和坚持，这非常值得肯定。

（点评专家：王丹）

研究报告

动漫对青少年成长的影响

组长：李水如　组员：隋新艺　霍凯懿
指导老师：陈爱红

摘要

动漫对我们青少年们有着很大的影响，其中有正面的也有负面的。我们小组通过对“动漫对青少年成长影响”这一课题的研究，最终在研究成果中希望让青少年们能提高辨别能力，有选择性，并且适量地观看动漫，在众多优秀动漫作品中有选择性地从它们的身上有所借鉴，提升自我，发挥动漫对我们最大的好处。

一、选题背景

动漫以其强烈的讽刺性、幽默性、教育性深深打动着青少年们的心弦，为我们所喜爱。其实不仅仅是我们这个年龄段的人，大到成人，小到儿童，很多人都很喜欢。可见它已经是人们尤其是青少年休闲娱乐的宠儿之一，有的人甚至达到痴迷的程度，还有的人正以漫画家为梦想而奋斗着。在青少年中这样的现象十分多见：穿的是印着动漫人物的 T 恤，背的书包和里面的文具和本子上甚至也印着动漫人物。可见动漫早已深入我们的生活，成为我们的生活中不可或缺的一部分。

我们调查小组的同学都是动漫爱好者，但是在同学家长和老师们中，有不少人并不支持孩子看动漫，他们认为动漫会影响孩子的学习，还会影响孩子的健康成长。基于这一现状，我们拟定了我们的研究课题——“动漫对青少年成长的影响”。以发放关于“动漫对青少年成长影响”的调查问卷的形式，研究动漫对青少年成长的影响，并做出说明和结论。我们最终目的是希望让青少年们能提高辨别能力，有选择性，并且适量地观看动漫，在众多优秀动漫作品中有选择性地学习，并从它们的身上有所借鉴，提升自我，发挥动漫对我们最大的好处。

二、研究过程与结果分析

2014 年 8 月 24 日，我们在“萌物语”动漫展上发了 105 份调查问卷，收回有效问卷 105 份。调查对象年龄大部分在 12~35 岁。2014 年 9 月 2 日，我们在学校发了 105 份调查问卷，收回有效问卷 105 份。调查对象年龄大部分在 10~12 岁（调查详细数据见附件）。

调查结果表明，大部分家长都支持孩子们看动漫，但还是有 38% 的家长不支持。那么，就让我们来看看不支持孩子看动漫的家长们的想法：不支持孩子看动漫的家长们认为动漫低俗、暴力、非主流，还影响学习。这也是现在令很多人苦恼的事情，在我们身边就有许多同学有着这样的烦恼：明明很喜欢动漫，可是家长却不让看，而且还很抵制，甚至因为这点破坏了家长和孩子之间的关系。那么动漫真的低俗、暴力、非主流，还影响学习吗？让我们来看看学生们看动漫后的影响。学生们看动漫后的影响大概分好的影响、不良影响和无影响三大类。结果表明，受到好的影响的学生占 42%，他们反映看动漫后变得坚强、勇敢、幽默、开朗、自信、爱与人交流等，有的甚至还认识了不少同好，交到了许多新朋友。没有受到任何影响的同学生占 44%，这些学生们的回答是：“没有啥影响，就是平时看看，放松一下。”剩下的就是受到不良影响的学生们了。受到不良影响的学生们占 2%，这些学生们在问卷上反映，看动漫后分别变“色”、变得依赖网络。

同样是看动漫，但受到的影响的差别怎么就那么大呢？难道跟他们看的动漫的类别有关系？这就得要看调查问卷的第二题“您喜欢什么类型的动漫？”了。我们将看动漫后受到不良影响的学生们的调查问卷的第二题，去跟看动漫后没受到任何影响和受到了好的影响的学生们的调查问卷的第二题进行了对比，发现看动漫后受到不良影响的学生们的调查问卷第二题跟看动漫后没受到任何影响和受到了好的影响的学生们的调查问卷的第二题并没有多大差别，有些还是一样的。所以看动漫后受到不良影响跟看的动漫的类别根本没有什么关系。

那么看动漫后学生们受到的影响差距之大会不会是看的动漫不同的原因呢？我们又将看动漫后受到不良影响的学生们的调查问卷的第三题：“您最喜欢的一部动漫是”去和看动漫后没受到任何影响和受到了好的影响的学生们的调查问卷的第三题进行了对比，发现结果并不是我们想象的那样。很多看动漫后受到不良影响的学生们的调查问卷第三题，跟看动漫后没有受到任何影响和受到了好的影响的学生们的调查问卷的第三题大部分填的是同一部动漫，看动漫后受到不良影响的学生中，只有一个学生填的动漫和其他同学的都不同。因此，我们上网查了一下这部动漫，发现搜完之后浏览页面上写着：“根据相关法律法规和政策，部分搜索结果未予显示。”而且搜索结果只有 33 个，还没有观看的途径。许多网友也认为这是一部不良的动漫。可是当我们继续搜下去时，却发现还有可以观看这部动漫的途径，而且也可以搜到这部动漫中不良的图片。除了这位学生以外，其他学生看的明明是同一部动漫，受到的影响怎么会有这么大的差别？接着，我们就去对比了一下看动漫后受到不良影响的学生们的调查问卷的第四题“动漫里对您影响最大的一句话”和第五题“这句话对您的影响是”去跟看动漫后没受到任何影响和受到了好的影响的学生们的调查问卷的第四题和第五题进行了对比。结果发现，受到不良影响的学生全部都没有对他们影响最大的一句话。我们觉得非常奇怪，于是我们去采访了一些看动漫后受到不良影响的学生。看动漫后变得依赖网络的学生们反映：是因为非常喜欢看动漫，所以一天中大部分时间都在电脑前度过，没有了电脑就会很不适应。

三、结论

如今，动漫在我们的生活中正占据着重要的位置，它深受着我们青少年的喜爱，更对我们的成长产生着重要的影响。它不仅有正面积极的影响，也有负面消极的影响。

优秀正面的动漫，为我们体现了积极向上的思想，帮助青少年树立正确的人生观、价值观。这些动漫还有利于我们了解各国文化。动漫涉及的范围广，包括科学、历史、文化等，它以青少年喜欢的方式拓展了我们的知识面，丰富了我们的课余生活，是繁忙学习后的轻松调剂。动漫在轻松幽默之时，还能让人励志，例如，“就是遇到再大的困难也可以克服，就算是以卵击石最后的胜者也是鸡蛋。”还非常强调友情，例如，“忍者要冷静沉着，自己判断！打破忍者世界规则跟铁律的人，我们都叫他废物。可是，不懂得重视同伴的人，是最差劲的废物！”有些青少年们看动漫后变得坚强、勇敢、自信、绅士、爱做家务、爱运动、幽默、开朗，更爱与人交流。还有的青少年看动漫后有了自己

的爱好，还认识了许多相同兴趣的同学，交到了不少朋友。这部分动漫能从思想上使青少年更开放，更具有想象力，更具创新精神。但是，确实有一部分动漫中含有许多暴力、色情内容，语言不文明，最重要的是含有很多不正确的人生观、道德观、政治观等，不利于我们青少年们的成长。看动漫受到的不良影响还有：使青少年依赖网络，导致视力降低，不重视锻炼。

凡事有度，这个度还得自己来掌控。掌控好了这个度，我们就能体会并得到动漫对于我们成长中的好处。我们希望让青少年们能提高辨别能力，有选择性，并且适量地观看动漫，在众多优秀动漫作品中有选择性地有所借鉴，提升自我，发挥动漫对我们最大的好处。我们还希望家长们能去理解孩子，并且以一个正确的态度来对待动漫。每一部动漫都有利与弊。主要是看个人注重的是好的还是坏的方面。我们建议大家在看动漫的时候，能吸收好的主题思想，正确的人生观；拒绝不良的行为，拒绝不正确的思想和人生观。

最后，我们调查小组根据调查和我们自己平时的阅读提供了一批对青少年有好的影响的书目，同时列出了一些我们调查到的对青少年有不良影响的漫画书。希望对爱好动漫的同学们有所帮助。

附：调查问卷

看动漫有不良的影响吗？
——实际调查表

备注：此为不记名调查问卷，请大家认真填写谢谢！（标“*”号的题请圈出答案）

学生卷

1. 您家长支持您看动漫吗？

A. 支持 62%　　B. 不支持 38%

2. 您喜欢什么类型的动漫？

热血 66%　运动 47%　推理 56%　搞笑 69%　恋爱 49%

战争 41%　竞技 32%　悬疑 47%　社会 41%

3. 您最喜欢的一部动漫是：海贼王、黑执事、火影忍者、伪恋、进击的巨人、薄荷之夏、银魂、黑子的篮球、暴走邻家、师兄、东京食尸鬼、名侦探柯南等。

4. 动漫里有没有对您影响最大的一句话：

有 40%　无 60%

5. 这句话对您的影响是：

好的影响 40%　无影响 60%　坏的影响 0%

6. 看动漫后您的变化：

好的变化 42%　坏的变化 2%　无变化 46%

家长卷

您支持您的孩子看动漫吗？

A. 支持 62%　　B. 不支持 38%

不支持的话您认为动漫是：

非主流、低俗、色情、会影响学习、没教育意义和文化的东西等。

社会责任感和意识
是打开科研世界的一扇窗

小事
不简单

公园厕所合理坑位数的计算

我和我的小伙伴们

我是谢植萱，农业科学院附属小学六年级 7 班学生。我是一个性格开朗、快乐、诚实的女孩，我非常重视与朋友的友情，爱帮助人。我做事情非常认真，注重承诺，对老师交待的事情、别人托付的事情会尽我最大的力量去完成。我喜欢参与集体活动，老师说我责任感和荣誉感很强，在集体中乐于付出，在群体中比较活跃，也愿意充分表达自己。我对新东西充满好奇，对学习有兴趣，有热情。我喜欢想象，总是对世界和未来怀着各种梦想，我爱好比较广泛，喜欢旅行、游泳、击剑等运动，喜欢唱歌、弹钢琴，喜欢看书、看电影，喜欢养小动物……

我是孙鹏娜，一名全面发展的小学生。在思想品德方面：我尊敬师长，见到老师主动问好；团结同学，不因为小事和同学闹别扭；乐于助人，很乐意协助老师办事，帮助同学解决问题；诚实守信，答应别人的事努力做到。在学习方面：我不用家长督促，主动学习。在课堂上，我认真倾听老师讲课与同学发言；在课下认真完成作业，阅读课外书。在体育方面，我积极锻炼身体，掌握了许多体育技能，那些体育器材也在家里摆得满满的。除此之外，我还热爱劳动。爸爸从小就教育我劳动最光荣，经常让我在家刷碗、拖地、收拾屋子……他还专门辞掉家里的小时工，每周末改成了我们全家的大扫除。

我是王雨菡，一个开朗，快乐的女生。我关心集体，团结同学，学习成绩优秀，做事认真负责，是老师的好助手。今年，我在学校担任了大队宣传委员，组织开展各项学校的活动。我有许多爱好，是学校管乐团的一名成员。我喜欢读书、吹萨克斯、弹古筝……最让我得意的就是古筝和萨克斯了，两种乐器都已“双双过九”，考过九级了，萨克斯还曾在海淀区获过奖。我还参加了学校的创新社团，代表学校赴上海参加了两次比赛，有许多收获。

选题：历经波折

同学们都认为，我们这个题目——“公园厕所合理坑位数的计算”非常奇葩。我们为什么会选择这个题目呢？其实，一开始，我们的题目并不是这个，而是“中国市民对乒乓球了解程度的调查”。随后，我们请教了陈老师，陈老师问我们：

“你们为什么选择这个题目？”

“因为乒乓球是中国的国球，也广受中国市民的喜爱，所以，我们想调查这个题目。”

“既然乒乓球是中国的国球，那么肯定有人做过这个课题，所以就没有新意了。你们应该选一个新颖而有意义的题目。”

于是，我们又重新开始选题。

一次偶然的活动让我们有了灵感：那是一个周末，我们一起去香山植物园游玩。我们想去上厕所，却发现：厕所人数太多了，上个厕所真难啊！往旁边一看，男厕所却没人排队。这引发了我们的思考：为什么男女厕所排队人数差距这么大呢？于是我们展开了一系列的调查。

这就是这个奇葩题目——“公园厕所合理坑位数的计算”的由来。

调查：选址还挺麻烦

我们的小课题研究一开始是在紫竹院公园进行调查的。我们约定早上7：30在紫竹院公园集合，开始调查。我们在厕所旁选好座位，拿出准备好的纸和笔，开始了记录。可是一上午过去了，虽然有人来上厕所，可是并没有排队的现象。我们有些纳闷，但还是继续统计了下来。到了中午，来上厕所的人逐渐增多，但还是没能达到我们的预想效果。一天的调查结束了，回到家后，我们整理了数据，发现来紫竹院公园上厕所的人数并不很多。于是我们打算换一个公园的厕所来调查一下，就选择了比较著名的香山植物园。

第二天，我们来到香山植物园调查，这里的人果然多了许多，经过上次的调查，我们也得出了许多经验，调查起来也方便了许多。于是，我们就在香山植物园继续完成了我们的调查。

答辩：有点小紧张

我们的小课题研究历时8个月，经过了选题、调查、整理数据、建立数学模型、完成论文这五个步骤，调研工作已经落下了帷幕。我们参加了金鹏科技论坛的比赛与答辩，获得了二等奖。

在接到陈老师的通知后，我们积极地准备了起来。那一天，我们怀着紧张而激动的心情来到了理工附答辩现场进行金鹏科技的复赛——答辩。广播中传来我们课题的名字——公园厕所合理坑位数的计算。我们被工作人员带到了指定教室，一路上，我们紧张地看着手中的稿子。到了那个传说中的考场，里面并不像想象中的那么“阴森”“恐怖”，只是坐着两位和蔼可亲的老爷爷，我们的心情也放松了许多。很快就到了我们，我们走上台，向评委介绍了我们的小课题研究。听完后，评委问了我们几个问题，并给我们的小课题提出了建议：男厕所除了坑位，还有小便池，所以这个结果并不是很准确，应该再做进一步调查。

在新一次的小课题研究里，我们一定会吸取这次的教训，努力想得更加周全。

看看大人怎么说

作为家长，我全程参与了孩子们的研究，主要是陪同他们去公园实地调查，提供必要的如计算机等工具支持和工具软件使用方法的讲解。孩子们参加各类社会实践活动很多，这一次课题研究实践活动持续时间相对较长，一个多学期的时间。但孩子们却不同寻常、出乎意料地坚持了下来，而且能够自始至终非常认真、满怀兴趣完成了计划任务，可见学校组织的这次活动，对孩子们来说有很大的吸引力，有很强的新鲜感，大概孩子们最终也体会到了挑战自我、克服困难的魅力所在。孩子们对这次活动表现的非常积极、主动，从寻找问题、分析问题、制定方案、实地调查、数据计算、报告编写到总结汇报等各个阶段都非常客观、非常自觉，基本上按照学校给出的时间节点完成了相应的任务。在研究过程中，也遇到了一些困难，比如：是采用排队论的方法，还是采用蓄水池进排水工程问题方法，进行计算和分析，让孩子们困惑了很长时间，但是孩子们表现出了勤奋学习新知识的态度、顽强的毅力、很深入的探究精神和克服困难非凡的勇气，也着实让家长很感动；再比如，在实地采集人们使用厕所实际平均时间数据的时候，先去了有很多排队的厕所，进行数据记录，结果刚开始发现人们上厕所使用的时间很长很长，后来才发现许多人进了厕所后还要再排队，这样的时间就不是上厕所的实际时间了，一上午的数据就白采集了，后来又寻找了没有排队现象的厕所进行数据采集，整个过程孩子们都表现出了很大的耐心。在研究的过程中，孩子们都做了很详细的记录，小组讨论时，各抒己见，非常严谨地处理各个数据，干起活来非常的认真。

（学生家长）

作为一个小学生，能够从日常生活和社会活动中发现需要解决的问题，并利用自己的知识尝试对问题进行分析、建立模型并求解，这是非常可贵的。首先，孩子们完成这一课题，体现了孩子们的社会责任感，从开始具备初步意识已发展到主动参与、身体力行。有些公园厕所的坑位数量设置得不合理，这是

一个普遍存在、常常招致游客不满的问题。孩子们亲身体会到以后，不是简单抱怨一番，而是以积极的态度提出疑问并将它作为一个问题去解决。这说明孩子们不仅关心生活、关心社会，而且开始主动思考和实践，这是孩子成长过程中的重大进步。其次，这样一个选题，从题目难度、工作量和解决方法上看，对小学生来说都是巨大的挑战。而孩子们付出了巨大的努力，通过耐心细致的工作，最终完成了课题研究，并得出有价值的结论，给孩子们带来了极大的成就感。通过体验这一过程，孩子们主动学习的意识、勇于挑战的意识都得到加强，也将鼓舞孩子们更加有激情、更加踏实地面对未来的学习，同时也为孩子们打开了通向科学研究世界的一扇窗户。

（学生家长）

本研究选择了一个为人们司空见惯的日常而又必要的问题——去公园上厕所男女不同的时间花费遭遇——为研究对象，表现了小研究者对生活的敏锐体察能力。在研究方法上，小研究者通过构建模型的方式，计算推导得出公园厕所男女坑位数的合理比例，对公共资源的合理配置具有一定的参考意义。研究以小见大，不仅展现了研究者于日常生活中提炼研究主题的能力，较高水准的研究水平，而且体现了对公共资源合理配置与使用的思考。

（点评专家　王秀丽）

爸爸给我讲过“5W1H”科学分析方法，就是对一件事情从做什么（What）、谁负责做（Who）、在哪里做（Where）、时间（When）、为什么做（Why）以及怎样做（How）等6个方面进行思考，编写成书面的文件，并按照编写的书面文件进行实施，最后完成任务。这种方法既简单又能提高效率，能提高任务完成的质量。本课题研究方案，我们尝试采用了“5W1H”方法，经过讨论，编写了本研究方案。

表：《公园厕所合理坑类的计算》和研究方案

5W1H	主要内容
What（做什么）	整体：研究公园厕所的合理坑位数量计算方法，并进行计算与分析。 关键过程： （1）求解方法的确定，建立数学公式。 （2）数据调查。需要查询、确定人类上厕所合理等待时间；统计男性、女性上厕所实际平均时间；统计男性、女性到达厕所上厕所人流情况，就是统计一定时间段内上厕所人的数量。 （3）具体计算与分析。将统计、查询的数据带入数学公式，计算厕所合理坑位数。 （4）总结并完成研究报告，完成其他材料整理及编写，比如：各种记录材料的整理、照片的整理、心得体会的思考等。
Who（谁负责做）	小组成员：谢植萱、王雨菡、孙鹏娜 辅导员：数学陈老师
Where（去哪里做）	数据调查计划去香山植物园和紫竹院公园完成。男性、女性上厕所实际平均时间的调查，计划去紫竹院公园，选取偏僻些不需要排队的厕所，没有排队，这样调查的能快些，而且从进入厕所和上完厕所离开人员好辨别，容易保证数据的准确性。香山植物园厕所排队现象比较严重，计划去那里进行统计实际的上厕所人数。
Why（为什么做）	去公园玩本是一件非常开心的事情，上厕所应是一件平常的事情，但是在公园里需要排很长的队才能上厕所，去公园玩变成了一件令人非常烦恼的事情，我们希望通过自身的努力解决身边发生的事情。
When（时间计划）	（1）7月上旬，完成数据调查。 （2）7月中旬：完成公园厕所合理坑位数计算方法的学习和确定，完成数据公式的建立。 （3）7月下旬：将调查统计的数据带入数学公式，进行计算与分析，得出厕所合理坑位的数量。 （4）8月份：整理材料，编写研究报告等。
How（怎么做）	（1）数据调查：上网查询资料，去公园实地调查男女上厕所的时间和上厕所排队情况。 （2）求解方法的确定：计划运用我们学过的水池注水排水工程问题的原理和方法，我们将复习以前学过的知识，结合厕所排队和厕所坑位关系的问题，请教老师、家长，小组一起讨论，确定厕所坑位合理数量的计算方法和公式。 （3）计算和分析。将调查的数据带入数据公式，对厕所合理坑位数进行计算，并对结果进行分析。 需要的工具主要包括：纸笔、手机、计算机和打印机。

研究报告
公园厕所合理坑位数的计算

一、背景

在休闲的时候，去公园散散步可算是最好的选择了。香山植物园是我们最喜欢的公园，可是我们到公园时，尤其是春秋季节游览旺季，都会遇到一个十分头疼的问题，那就是——上厕所。这件事情可是再平常不过了，但它却成为了人们去公园最烦恼的问题，上厕所时，女厕所要排很长的队，而男厕所来一个就能上一个，有时候男厕所空余的坑位还很多，女性上厕所时都要等很长时间，少则 5 分钟，多则长达一节课的时间！好多人怨声载道，还有人因加塞而引发争吵。本来到公园玩开开心心的，但因为上厕所而心情变得很糟糕，看来解决这个问题很有必要。

二、问题描述

我们知道，上厕所的人数和厕所的坑位数量会影响厕所排队人数和等待时间的多少。很显然，需要上厕所人数的多少不是人为能控制的，要想缩短队列长度，减少排队人数，或者上厕所不用排队了，来了就能上，只能增加厕所的坑位数量。另一方面，厕所坑位数量过多，虽然上厕所不需要排队了，但会增加成本，带来浪费。所以，公园厕所坑位数设置应合理，使上厕所排长队的现象应控制在合理的范围内，既能够满足人们上厕所的需求，又使厕所坑位的利用率较高，减少浪费。

这个问题，主要是上厕所排队队列长度和厕所坑位数量之间关系的问题，具体描述如下。

游客陆陆续续到达厕所位置，准备上厕所，如果厕所空闲，则可以立即进入厕所，如果厕所正在使用，没有空闲坑位，按照先来先上的原则排队等待。排队等待上厕所的游客，在前面有人上完厕所离开后，游客可以依次离开排队，进入厕所。如果厕所坑位多，能同时上厕所的人就多，排队等待上厕所人数就会减少，队列长度就会缩短，甚至不用排队。

我们认为，厕所坑位数是否合理的判定标准是，在一定的坑位数情况下，排队上厕所最长等待时间在合理的范围内。

三、分析与求解方法

我们在数学课上学习过工程问题以及求解方法，我们觉得可以把厕所前的排队问题看成是一个工程问题。在一般工程问题中存在工作效率、工作时间和工作总量之间的关系。

工作问题 = 工作效率 × 工作时间

在工程问题中，水池的注水排水问题是一个分支。水池中的水量可以当做工作总量，水管单位时间内的注水量或者排水量；可以当做工作效率。当只有注水管工作时，水池中水量增加，水位上升，当只有排水管工作时，水池中水量减少，水位下降。当注水管和排水管同时工作的时候：

水池中水量=（注水效率—排水效率）× 工作时间

在厕所排队问题中，游客按照一定的平均速度到达厕所前排队，进入厕所，上完厕所离开后，按照一定的平均速度腾出厕所坑位，队列最前面游客也可按照这个速度离开队伍进入厕所。如图 1 所示。

图 1　上厕所排队游客流动示意图

应用水池注水排水工程问题的基本原理，将上厕所时的排队队列虚拟为一个水池，把人流虚拟成水流，到达厕所位置准备上厕所的人就是往水池中注水，注水增加排队人数，队长长度增加，离开队列进入厕所的人就是水池往外排水，排水减少排队人数，队长长度减少。这样，上厕所排队队列长度，可以应用水池注水排水工程问题基本方法计算了。

在这里，我们假设 $V_{来}$为游客到达厕所的平均速度，表示单位时间内到达厕所位置的人数。$V_{去}$为游客上完厕所离开的平均速度，表示单位时间内使用

厕所后离开厕所的人数。根据经验，男性、女性平均使用厕所的时间符合一定统计规律，用符号 p 来表示，那么对于一个坑位数量为 c 的厕所，$V_{去}$可以用 p 和 c 计算出来。根据图 1，在客流较大已形成排队的情况下，$V_{去}$既是游客上完厕所离开厕所的平均速度，也是游客离开排队队列进入厕所的平均速度。

但是，在实际情况下，游客上厕所有随机性，一天之内上厕所的游客不是匀速到达的，$V_{来}$是随时间而变化的。为了使 $V_{来}$能够反映游客到达的实际情况，又能够用简化的方法求解这个问题，我们采用了将时间分段的方法，以 10 分钟为一个时间间隔 Δt，分别统计、计算游客到达的平均速度，并计算在这个分段的末期的排队长度，如图 2 所示。图中，0、1、2、……n-1、n、n+1 表示时间间隔序号。L_n 为第 n 个时间间隔结束时排队队列长度（人数）。$V_{来n}$、$L_{来n}$ 为该时段到达厕所的游客速度和人数，$V_{去n}$ 为该时段离开厕所的游客速度，在排队情况下是一个由 C 和 P 确定的数，可以用同一个 $V_{去}$来表示（见公式 6），$L_{去n}$ 为该时段离开厕所人数，$L_{最}$为 n 个时间段中队列最长的长度，$T_{最}$为排队最长等待时间。

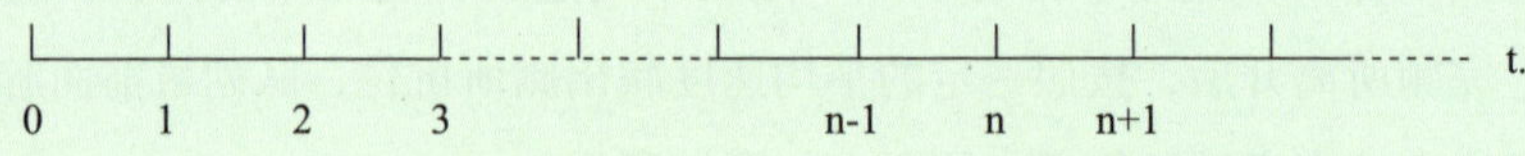

图 2　上厕所排队时间间隔示意图

$$L_{来n}=V_{来n}\times \Delta t \tag{1}$$

表示 Δt 时间段内到达人数。

$$L_{去n}=V_{去n}\times \Delta t \tag{2}$$

表示 Δt 时间段内离开人数。

$$L_n=L_{n-1}+L_{来n}-L_{去n} \tag{3}$$

表示第 n 个时间段结束时排队队列长度（人数），为上个时间段结束时队列人数与本时间段队列新增人数之和，减去本时间段离开的人数。那么，

$$L_{最}=\max（L_0、L_1.\ L_2.\ \cdots\cdots、L_n） \tag{4}$$

排队最长等待时间计算为：

$$T_{最}=\mathrm{L}_{最}/\mathrm{V}_{去} \tag{5}$$

如果 $T_{最}$在合理范围内，则厕所坑位数量设置满足需要，是合理的。

四、数据调查

1. 上厕所排队合理最长等待时间

经过资料查询可知，人们需要上厕所时，最长等待时间为 20 分钟，超过 20 分钟将会对身体造成伤害，但人们在心理上能接受的等待时间则要小得多。本课题研究中，综合考虑人们上厕所等待心理和身体因素，将合理的最长等待时间设置为 5 分钟，即 $T_{合理}$=5 分钟。

2. 游客到达厕所位置人数

我们对香山植物园曹雪芹纪念馆后的厕所进行调查，统计了游客到达厕所的情况，见表 1 所示。

表 1　游客到达厕所位置人数情况统计表

时间段序号	时间段	女性人数（人）	男性人数（人）
1	11：00-11：10	26	22
2	11：11-11：20	22	12
3	11：21-11：30	44	16
4	11：31-11：40	26	26
5	11：41-11：50	10	10
6	11：51-12：00	46	10
7	12：01-12：10	16	4
8	12：11-12：20	22	22
9	12：21-12：30	10	10
10	12：31-12：40	28	12
11	12：41-12：50	14	8
12	12：51-13：00	20	10
13	13：01-13：10	30	20
14	13：11-13：20	14	4
15	13：21-13：30	32	14
16	13：31-13：40	22	16
17	13：41-13：50	12	16
18	13：51-14：00	10	10

3. 女性男性上厕所实际时间

在公园厕所统计了女性男性使用厕所的实际时间，统计结果见表 2 所示。

表 2　女性男性使用厕所实际时间统计表

序号	女性时间	男性时间	女性时间（秒）	男性时间（秒）
1	3’ 31’’	1’ 19’’	201	79
2	1’ 05’’	2’	65	120
3	2’ 16’’	1’ 08’’	136	68
4	4’ 15’’	1’ 12’’	255	72
5	1’ 05’’	1’ 11’’	65	71
6	1’ 50’’	34’’	110	34
7	6’ 54’’	1’ 40’’	414	100
8	1’ 47’’	1’ 47’’	107	107
9	45’’	1’ 27’’	45	87
10	1’ 38’’	45’’	98	45
11	1’ 35’’	1’ 48’’	95	108
12	8’ 08’’	5’ 39’’	488	339
13	1’ 36’’	1’ 23’’	96	83
14	1’ 45’’	1’ 23’’	105	83
15	1’ 53’’	1’ 04’’	113	64
16	3’ 15’’	1’ 00’’	195	60
17	1’ 23’’	2’ 37’’	83	157
18	2’ 26’’	1’ 07’’	146	67
19	3’ 18’’	2’ 27’’	198	147
20	2’ 12’’	1’ 50’’	132	110
21	3’ 28’’	1’ 10’’	208	70
22	1’ 55’’	1’ 10’’	115	70

五、实例计算与分析

1. $V_{去}$计算

由表 2 统计数据计算得到，女性、男性使用厕所平均时间见表 3 所示。

表 3　女性男性使用厕所平均时间

	使用厕所平均时间 p（秒）
女性	157.73
男性	97.32

已知女性、男性使用厕所实际平均时间 p，计算得出厕所 1 个坑位单位时间内（1 分钟）能够服务的人数，再根据厕所总的坑位数 c，可以计算单位时间内（1 分钟）该厕所能够服务的人数，也是使用厕所后离开厕所的人数，即 $V_{去}$。

$$V_{去}=\frac{60}{p}\times c \tag{6}$$

计算得到，$V_{去}$与厕所坑位数对照见表 4 所示。

表 4　$V_{去}$与厕所坑位数对照表

厕所坑位数量 c（个）	女厕所 $V_{去}$（人/分）	男厕所 $V_{去}$（人/分）
1	0.38	0.62
2	0.76	1.24
3	1.14	1.86
4	1.52	2.48
5	1.90	3.10
6	2.28	3.72
7	2.66	4.34
8	3.04	4.96
9	3.42	5.58

2. $V_{来}$计算

采用表 1 数据，分别计算女厕所、男厕所游客到达速度 $V_{来}$。不同时间段女厕所、男厕所游客到达速度 $V_{来}$计算结果见表 5 所示。

表 5　$V_{来}$计算结果

时间段序号	时间段	男性		女性	
		到达人数（人）	到达速度 $V_{来}$（人/分）	到达人数（人）	到达速度 $V_{来}$（人/分）
1	11：00-11：10	22	2.20	26	2.60
2	11：11-11：20	12	1.20	22	2.20

续表

时间段序号	时间段	男性		女性	
		到达人数（人）	到达速度 $V_{来}$（人/分）	到达人数（人）	到达速度 $V_{来}$（人/分）
3	11：21-11：30	16	1.60	44	4.40
4	11：31-11：40	26	2.60	26	2.60
5	11：41-11：50	10	1.00	10	1.00
6	11：51-12：00	10	1.00	46	4.60
7	12：01-12：10	4	0.40	16	1.60
8	12：11-12：20	22	2.20	22	2.20
9	12：21-12：30	10	1.00	10	1.00
10	12：31-12：40	12	1.20	28	2.80
11	12：41-12：50	8	0.80	14	1.40
12	12：51-13：00	10	1.00	20	2.00
13	13：01-13：10	20	2.00	30	3.00
14	13：11-13：20	4	0.40	14	1.40
15	13：21-13：30	14	1.40	32	3.20
16	13：31-13：40	16	1.60	22	2.20
17	13：41-13：50	16	1.60	12	1.20
18	13：51-14：00	10	1.00	10	1.00

3．$T_{最}$计算与合理坑位数分析

根据公式（3），计算不同时间间隔内虚拟队列容器容量，即不同时间间隔内，在有人到达和离开的情况下，队列容器中队列长度（人数），当结果小于或者等于0时，该时间段结束时队列长度为0，否则该时间段结束时队列长度应与队列容器中队列长度相等。

（1）女厕所

实际统计女厕所初始排队人数为5人。根据上述数学模型，当厕所坑位数c=5时，计算得到最长队长和最长等待时间见下表6所示，最长等待时间$T_{最}$=43.68分，远大于$T_{合理}$。

表 6　女厕所 $T_{最}$计算结果（C=5）

c=5，$T_{合理}$=5							
时间段序号	初始排队人数 L_{n-1}（人）	到达人数 $L_{来n}$（人）	离开人数 $L_{去n}$（人）	队列容器的容量（人）	结束排队人数 L_n（人）	最大队长 $L_{最}$（人）	最大等待时间为 $T_{最}$（分）
1	5	26	19.00	12.00	12		
2	12	22	19.00	15.00	15		
3	15	44	19.00	40.00	40		
4	40	26	19.00	47.00	47		
5	47	10	19.00	38.00	38		
6	38	46	19.00	65.00	65		
7	65	16	19.00	62.00	62		
8	62	22	19.00	65.00	65		
9	65	10	19.00	56.00	56		
10	56	28	19.00	65.00	65		
11	65	14	19.00	60.00	60		
12	60	20	19.00	61.00	61		
13	61	30	19.00	72.00	72		
14	72	14	19.00	67.00	67		
15	67	32	19.00	80.00	80		
16	80	22	19.00	83.00	83	83	43.68
17	83	12	19.00	76.00	76		
18	76	10	19.00	67.00	67		

增加厕所坑位 c=6 时，计算得到最长队长和最长等待时间见下表 7 所示，最长等待时间 $T_{最}$=18.51 分，大于 $T_{合理}$。

表 7　女厕所 $T_{最}$计算结果（C=6）

c=6，$T_{合理}$=5							
时间段序号	初始排队人数 L_{n-1}（人）	到达人数 $L_{来n}$（人）	离开人数 $L_{去n}$（人）	队列容器的容量（人）	结束排队人数 L_n（人）	最大队长 $L_{最}$（人）	最大等待时间为 $T_{最}$（分）
1	5	26	22.80	8.20	8.2		
2	8.2	22	22.80	7.40	7.4		
3	7.4	44	22.80	28.60	28.6		
4	28.6	26	22.80	31.80	31.8		

续表

c=6，$T_{合理}$=5							
时间段序号	初始排队人数 L_{n-1}（人）	到达人数 $L_{来n}$（人）	离开人数 $L_{去n}$（人）	队列容器的容量（人）	结束排队人数 L_n（人）	最大队长 $L_{最}$（人）	最大等待时间为 $T_{最}$（分）
5	31.8	10	22.80	19.00	19		
6	19	46	22.80	42.20	42.2	42.2	18.51
7	42.2	16	22.80	35.40	35.4		
8	35.4	22	22.80	34.60	34.6		
9	34.6	10	22.80	21.80	21.8		
10	21.8	28	22.80	27.00	27		
11	27	14	22.80	18.20	18.2		
12	18.2	20	22.80	15.40	15.4		
13	15.4	30	22.80	22.60	22.6		
14	22.6	14	22.80	13.80	13.8		
15	13.8	32	22.80	23.00	23		
16	23	22	22.80	22.20	22.2		
17	22.2	12	22.80	11.40	11.4		
18	11.4	10	22.80	-1.40	0		

增加厕所坑位 c=7 时，计算得到最长队长和最长等待时间见下表 8 所示，最长等待时间 $T_{最}$=7.37 分，大于 $T_{合理}$。

表 8　女厕所 $T_{最}$计算结果（C=7）

c=7，$T_{合理}$=5							
时间段序号	初始排队人数 L_{n-1}（人）	到达人数 $L_{来n}$（人）	离开人数 $L_{去n}$（人）	队列容器的容量（人）	结束排队人数 L_n（人）	最大队长 $L_{最}$（人）	最大等待时间为 $T_{最}$（分）
1	5	26	26.60	4.40	4.4		
2	4.4	22	26.60	-0.20	0		
3	0	44	26.60	17.40	17.4		
4	17.4	26	26.60	16.80	16.8		
5	16.8	10	26.60	0.20	0.2		
6	0.2	46	26.60	19.60	19.6	19.6	7.37
7	19.6	16	26.60	9.00	9		
8	9	22	26.60	4.40	4.4		

续表

c=7，$T_{合理}$=5							
时间段序号	初始排队人数 L_{n-1}（人）	到达人数 $L_{来n}$（人）	离开人数 $L_{去n}$（人）	队列容器的容量（人）	结束排队人数 L_n（人）	最大队长 $L_最$（人）	最大等待时间为 $T_最$（分）
9	4.4	10	26.60	-12.20	0		
10	0	28	26.60	1.40	1.4		
11	1.4	14	26.60	-11.20	0		
12	0	20	26.60	-6.60	0		
13	0	30	26.60	3.40	3.4		
14	3.4	14	26.60	-9.20	0		
15	0	32	26.60	5.40	5.4		
16	5.4	22	26.60	0.80	0.8		
17	0.8	12	26.60	-13.80	0		
18	0	10	26.60	-16.60	0		

增加厕所坑位 c=8 时，计算得到最长队长和最长等待时间见下表 9 所示，最长等待时间 $T_最$=5.13 分，接近 $T_{合理}$。

表 9　女厕所 $T_最$计算结果（C=8）

c=8，$T_{合理}$=5							
时间段序号	初始排队人数 L_{n-1}（人）	到达人数 $L_{来n}$（人）	离开人数 $L_{去n}$（人）	队列容器的容量（人）	结束排队人数 L_n（人）	最大队长 $L_最$（人）	最大等待时间为 $T_最$（分）
1	5	26	30.40	0.60	0.6		
2	0.6	22	30.40	-7.80	0		
3	0	44	30.40	13.60	13.6		
4	13.6	26	30.40	9.20	9.2		
5	9.2	10	30.40	-11.20	0		
6	0	46	30.40	15.60	15.6	15.6	5.13
7	15.6	16	30.40	1.20	1.2		
8	1.2	22	30.40	-7.20	0		
9	0	10	30.40	-20.40	0		
10	0	28	30.40	-2.40	0		
11	0	14	30.40	-16.40	0		
12	0	20	30.40	-10.40	0		

续表

c=8，$T_{合理}$=5							
时间段序号	初始排队人数 L_{n-1}（人）	到达人数 $L_{来n}$（人）	离开人数 $L_{去n}$（人）	队列容器的容量（人）	结束排队人数 L_n（人）	最大队长 $L_{最}$（人）	最大等待时间为 $T_{最}$（分）
13	0	30	30.40	-0.40	0		
14	0	14	30.40	-16.40	0		
15	0	32	30.40	1.60	1.6		
16	1.6	22	30.40	-6.80	0		
17	0	12	30.40	-18.40	0		
18	0	10	30.40	-20.40	0		

增加厕所坑位 c=9 时，计算得到最长队长和最长等待时间如下表 10 所示，最长等待时间 $T_{最}$=3.88 分，小于 $T_{合理}$。

表 10　女厕所 $T_{最}$计算结果（C=9）

c=9，$T_{合理}$=5							
时间段序号	初始排队人数 L_{n-1}（人）	到达人数 $L_{来n}$（人）	离开人数 $L_{去n}$（人）	队列容器的容量（人）	结束排队人数 L_n（人）	最大队长 $L_{最}$（人）	最大等待时间为 $T_{最}$（分）
1	5	26	34.20	-3.20	0		
2	0	22	34.20	-12.20	0		
3	0	44	34.20	9.80	9.8		
4	9.8	26	34.20	1.60	1.6		
5	1.6	10	34.20	-22.60	0		
6	0	46	34.20	11.80	11.8	11.8	3.88
7	11.8	16	34.20	-6.40	0		
8	0	22	34.20	-12.20	0		
9	0	10	34.20	-24.20	0		
10	0	28	34.20	-6.20	0		
11	0	14	34.20	-20.20	0		
12	0	20	34.20	-14.20	0		
13	0	30	34.20	-4.20	0		
14	0	14	34.20	-20.20	0		
15	0	32	34.20	-2.20	0		
16	0	22	34.20	-12.20	0		

续表

c=9，$T_{合理}$=5							
时间段序号	初始排队人数 L_{n-1}（人）	到达人数 $L_{来n}$（人）	离开人数 $L_{去n}$（人）	队列容器的容量（人）	结束排队人数 L_n（人）	最大队长 $L_{最}$（人）	最大等待时间为 $T_{最}$（分）
17	0	12	34.20	-22.20	0		
18	0	10	34.20	-24.20	0		

根据上述计算与分析，女厕所坑位 c=8 时，队列最长等待时间最接近 $T_{合理}$，所以，女厕所合理坑位数应为 8 个。

（2）男厕所

实际统计男厕所初始没有人排队。根据上述数学模型，当厕所坑位数 c=6 时，计算得到最长队长和最长等待时间见表 11 所示，最长等待时间 $T_{最}$=0 分，小于 $T_{合理}$，但从计算结果上看，几乎所有时间段均不需要排队，而且队列容器队列长度是很大负数，说明男厕所坑位数量存在过多现象，减少坑位计算见表 11 所示。

表 11　男厕所 $T_{最}$计算结果（C=6）

c=6，$T_{合理}$=5							
时间段序号	初始排队人数 L_{n-1}（人）	到达人数 $L_{来n}$（人）	离开人数 $L_{去n}$（人）	队列容器的容量（人）	结束排队人数 L_n（人）	最大队长 $L_{最}$（人）	最大等待时间为 $T_{最}$（分）
1	0	22	37.20	-15.20	0		
2	0	12	37.20	-25.20	0		
3	0	16	37.20	-21.20	0		
4	0	26	37.20	-11.20	0		
5	0	10	37.20	-27.20	0		
6	0	10	37.20	-27.20	0		
7	0	4	37.20	-33.20	0		
8	0	22	37.20	-15.20	0		
9	0	10	37.20	-27.20	0		
10	0	12	37.20	-25.20	0		
11	0	8	37.20	-29.20	0		
12	0	10	37.20	-27.20	0		
13	0	20	37.20	-17.20	0		

续表

c=6，$T_{合理}$=5							
时间段序号	初始排队人数 L_{n-1}（人）	到达人数 $L_{来n}$（人）	离开人数 $L_{去n}$（人）	队列容器的容量（人）	结束排队人数 L_n（人）	最大队长 $L_{最}$（人）	最大等待时间为 $T_{最}$（分）
14	0	4	37.20	-33.20	0		
15	0	14	37.20	-23.20	0		
16	0	16	37.20	-21.20	0		
17	0	16	37.20	-21.20	0		
18	0	10	37.20	-27.20	0		

根据对女厕所计算和分析的经验，直接减少厕所坑位数至 c=3 时，计算得到最长队长和最长等待时间见下表 12 所示，最长等待时间 $T_{最}$=3.98 分，小于 $T_{合理}$。

表 12　男厕所 $T_{最}$计算结果（C=3）

c=3，$T_{合理}$=5							
时间段序号	初始排队人数 L_{n-1}（人）	到达人数 $L_{来n}$（人）	离开人数 $L_{去n}$（人）	队列容器的容量（人）	结束排队人数 L_n（人）	最大队长 $L_{最}$（人）	最大等待时间为 $T_{最}$（分）
1	0	22	18.60	3.40	3.4		
2	3.4	12	18.60	-3.20	0		
3	0	16	18.60	-2.60	0		
4	0	26	18.60	7.40	7.4	7.4	3.98
5	7.4	10	18.60	-1.20	0		
6	0	10	18.60	-8.60	0		
7	0	4	18.60	-14.60	0		
8	0	22	18.60	3.40	3.4		
9	3.4	10	18.60	-5.20	0		
10	0	12	18.60	-6.60	0		
11	0	8	18.60	-10.60	0		
12	0	10	18.60	-8.60	0		
13	0	20	18.60	1.40	1.4		
14	1.4	4	18.60	-13.20	0		
15	0	14	18.60	-4.60	0		
16	0	16	18.60	-2.60	0		

续表

c=3，$T_{合理}$=5							
时间段序号	初始排队人数 L_{n-1}（人）	到达人数 $L_{来n}$（人）	离开人数 $L_{去n}$（人）	队列容器的容量（人）	结束排队人数 L_n（人）	最大队长 $L_{最}$（人）	最大等待时间为 $T_{最}$（分）
17	0	16	18.60	-2.60	0		
18	0	10	18.60	-8.60	0		

再减少厕所坑位 c=2 时，计算得到最长队长和最长等待时间见下表 13 所示，最长等待时间 $T_{最}$=14.19 分，远远大于 $T_{合理}$。

表 13　男厕所 $T_{最}$计算结果（C=2）

c=2，$T_{合理}$=5							
时间段序号	初始排队人数 L_{n-1}（人）	到达人数 $L_{来n}$（人）	离开人数 $L_{去n}$（人）	队列容器的容量（人）	结束排队人数 L_n（人）	最大队长 $L_{最}$（人）	最大等待时间为 $T_{最}$（分）
1	0	22	12.40	9.60	9.6		
2	9.6	12	12.40	9.20	9.2		
3	9.2	16	12.40	12.80	12.8		
4	12.8	26	12.40	26.40	26.4	26.4	14.19
5	26.4	10	12.40	24.00	24		
6	24	10	12.40	21.60	21.6		
7	21.6	4	12.40	13.20	13.2		
8	13.2	22	12.40	22.80	22.8		
9	22.8	10	12.40	20.40	20.4		
10	20.4	12	12.40	20.00	20		
11	20	8	12.40	15.60	15.6		
12	15.6	10	12.40	13.20	13.2		
13	13.2	20	12.40	20.80	20.8		
14	20 .8	4	12.40	12.40	12.4		
15	12.4	14	12.40	14.00	14		
16	14	16	12.40	17.60	17.6		
17	17.6	16	12.40	21.20	21.2		
18	21.2	10	12.40	18.80	18.8		

根据上述计算与分析，男厕所坑位 c=3 时，队列最长等待时间最接近 $T_{合理}$，所以，男厕所合理坑位数应为 3 个。

六、结束语

通过计算与分析，得出公园厕所男厕所 3 个坑位，女厕所 8 个坑位最为合理。这时，再看男女厕所实际坑位数量，男厕所为 6 个，女厕所为 5 个，真是不算不知道，一算吓一跳！太不合理吧，希望公园管理部门可以接受我们的意见，对厕所返修，给广大人民带来方便！

这个结论是针对香山植物园厕所的数据计算得到的，对于别的厕所，就需要实地调查游客到达情况，并运用本文第三节的方法将新的客流数据带入进行计算，就能得到该厕所合理的坑位数。

另外，客流数据的准确性会影响计算结果的可信程度，因时间关系，我们采用的实地调查数据量还不够多，如果要实际运用这个方法，还需要更多更细致的数据调查。

关心生活　关注社会
美好的生活需要我们
每个人的共同参与

用科学实验解决生活中的疑问

北京市海淀区主要超市及农贸市场猪肉、鸡肉和鸡蛋质量状况研究实验报告

我和我的小伙伴们

我叫王昱涵，今年 13 岁。我是一个做事认真、精益求精的女孩。在班里担任宣传委员的职务，承担布置板报等工作。尽我所能完成老师和中队长布置的任务，为班级贡献出自己的一份力量，这让我更加有责任心。我热爱读书，学习成绩优异，因为我上课能够认真听讲，积极举手发言回答问题。

我热爱手工，面对这些手工材料，我能够静下心来做。当我用纸折出一朵朵美丽的花朵时，用橡皮章印出一个个漂亮的图案时，用黏土捏出一个个可爱的玩偶时，我非常有成就感。这使我感受到自己的努力得到了回报。

我同样热爱游泳，从小喜欢玩水的特性让我对游泳增添了几分兴趣。有时候时间很少，但我也会和小伙伴们或家长出去游泳，放松心情。这就是我，一个做事认真、有个性的女孩。

我叫栾洁，今年 13 岁。是一个机智果敢、有着聪明才智的孩子。

在班内，我的成绩较好，这都源于在课堂上我能够专心听讲，认真学习，课下认真完成老师布置的作业。此外，我还是一名数学课代表，为老师分担工作，及时地收发作业。在集体中我能够团结同学，关心集体，并主动为班级做出自己的贡献。我还乐于做手工，刻橡皮章折纸都是我的最爱。作为一名小组长，我还任劳任怨，为小组做着安排与计划。

热爱运动的我，从小就练习游泳和骑自行车。我还是一个有担当的人，无论是老师交给我的任务还是同学们拜托给我的事情，我从来都是认真完成。我对待同学热情，和许多同学都谈得来，这源于我平时爱读书，书籍是我最好的伙伴。此外我还热爱写作，愿意分享自己的作品。

这就是我，一个有知识、有担当的女孩！

我叫郑熙文，今年 13 岁，是一个心地善良、活泼开朗、个性张扬的女孩。

我性格随和，下课后总能听到我愉快的笑声，而且他们都说，我的笑声很有传染力，他们一听到我的笑声，就忍不住也跟着笑起来。在集体中我能够团结同学，关心集体，并主动为班级做出自己的贡献。在班内，我的成绩较好，是英语课代表和美术课代表。作为英语课代表，我能够为老师分担任务，我会帮助别人做一些事，我觉得帮助别人是一件快乐的事！在课堂上我能够专心听讲，认真学习，课下认真完成老师布置的作业。

平时我爱刻一刻橡皮章，因为它可以让我静下心来专注地做一件事情，完成以后很有成就感，印出好看的图案更有成就感。我还喜欢旅游，喜爱体育运动。

这是我们的团队，我们的口号是：三人行，必有我师。

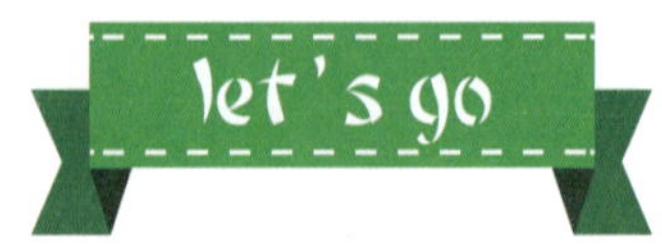

（一）我们的行动

1. 背景介绍

食品对我们很重要。新闻报道中说肯德基鸡块中检测出了违禁药物，还有文章说“鸡吃药人有权知道”。肯德基可是我们的最爱，我们就想了解我们身边的食物状况。我们咨询了农产品检测方面的专家，专家说我们可以做这个实验，我们觉得非常有趣，于是决定初步调查一下海淀区主要农畜产品的质量问题，另一方面我们还想了解超市和农贸市场的农产品在违禁药物方面有无明显差别。

2. 准备工作

确定好调查主题后，我们通过阅读大量资料，并请教了相关专家，确定了调查方案，先完成农产品采样，去超市和农贸市场采购猪肉、鸡肉和鸡蛋样品，对样品进行前期处理，然后借助专业实验室设备检测样品中是否含有抗病毒药 物和抗菌药物以及药物的具体含量。

因为海淀区的超市和农贸市场有很多，我们为了确定具体的采样地点，讨论了很久。又是问家长，又是上百度地图上搜索，我们费了几天的心思才确定了海淀区 6 个采样的超市与农贸市场。

3. 调查过程

海淀区真大，我们按计划跑遍了各大超市和偏远的农贸市场，把便捷式冷藏箱放在车后，买好以后立即编号贴上标签放入箱子里。整整弄了一天，回来后虽然很累但收获满满。

在准备材料的过程中，还发生了一件麻烦事。当我们兴冲冲地拿着从农贸市场买回的散装鸡蛋，准备装车时，忽然发现不知何时鸡蛋已经破碎了，这使得我们非常着急，幸好这个意外最终没有影响到我们试验的进行。

在活动实施的时候，最重要的就是做实验了。我们事先做了许多准备，查了很多资料，学习了实验设备的使用方法。原本以为实验过程很简单，但是在做实验的时候，还是很紧张。每一个步骤都小心翼翼的，我们认真地用天平称重、放入各种化学试剂将样品进行洗涤、去脂、提纯；认真地记录实验过程。短暂的暑假时光，我们把精力都投入了实验中，最后终于完成了！

4. 调查结果

我们希望食品都是安全的，没有任何超标药物成分。最终检测结果是：在37份样品中检测出了3份样品有问题，超市和农贸市场样品中都有检出，只是超标药物含量极低，总体上还算满意。此研究结果提示我们，要更加关注食品质量问题，建议农产品质量管理部门要加大对入市农产品的监督与检测。

（二）收获与体会

经过几个月的努力，我们的科技小课题终于完成了。

这次课题的选题主要是受启发于媒体的相关报道，听说肯德基里的鸡块出现了问题，为此我们专门查询了相关报道，并由此想到我们海淀区超市和农贸市场的鸡肉、猪肉和鸡蛋等质量状况又如何呢？

为此，我们专门请教了中国农业科学院的专家，答案是可以经过我们自己的努力去完成的这项实验。于是我们查找了相关的文献，研究具体实验方法。刚一放暑假，我们就迫不及待地跑遍海淀区各大农贸市场和超市去购买猪肉、鸡肉和鸡蛋样品，认真地储藏并进行分类编号。

实验的过程是很难忘的，我们接触了很多种溶剂，还有很多种仪器。每个人都认真仔细小心翼翼地完成了实验。

实验结果总体上是令人满意的，猪肉在违禁药物方面没有查出问题。鸡蛋和鸡肉中有少量检出，虽然数值极低，但也说明有人在使用这些违禁药物。另一方面，在超市和农贸市场样品中都有检出药物，看来超市和农贸市场不同购物渠道也没有明显差别。

这次科技实践的体会是科学是很神奇、精细的工作，研究成果也是很令人期待的一件事。不足之处是这次主要是对海淀区6处地点进行采样，采样地点较少，时间有些不足，希望以后能更进一步加深此方面的研究。

经过这次小课题研究，我们对科学更加感兴趣。能用科学实验解决我们身边的问题，我们觉得特别开心。同时，试验中接触了各种仪器和化学试剂，让我们意识到科学是个严肃认真的过程，来不得半点马虎。在研究过程中，我们三个人共同查阅资料，采买样品，亲身试验，讨论修改小论文，充分发挥了我们的才智，我们比以前更加有自信、更加团结了。

（课题完成人：王昱涵　栾洁　郑熙文）

非常感谢学校给孩子们这次自己动手学习和接近科学的机会，孩子们认真专注地进行调查、研究，对自己的小课题投入了极大的热情和努力。

（栾洁家长）

孩子们花费了整个暑假时间，认真地完成了小课题的研究，对于培养孩子从小热爱科学的精神，对于未来的成长有着非常重要的意义。

（郑熙文家长）

食品安全是一个值得关注的社会问题，孩子们能从身边的食物和食品安全的新闻中得到启发并确立研究课题，认真进行了化学实验，上了一堂生动的科学实践课，是一次非常有意义的科学实践活动。

郑熙文和她的小伙伴王昱涵、栾洁同心协力，在这次金鹏科技论坛中取得海淀区一等奖的好成绩。作为家长，对孩子们获得的这个奖项，有喜悦更有感动。

在历时几个月的合作过程中，孩子们积极动手动脑，攻克了一道道难题，解决了一个个疑问。这份荣誉是3个孩子共同努力的结果，它不但凝聚着孩子们的智慧和汗水，更来自于学校辛勤的栽培，老师们不倦的教诲，3个孩子团结协作以及家长们的鼓励和对孩子们大力的支持。

感谢孩子们，你们的每一次刻苦钻研家长们都亲身经历，这是你们不懈努力得来的成果，我们为你们骄傲自豪！

希望孩子们保持这份刻苦学习的精神，未来去取得更辉煌的成果，在人生新阶段里，努力，奋斗。我们相信你们会做到更好！

孩子们，加油！你们真棒！

（王昱涵家长）

食物的质量问题是关乎每一个公民生命与健康的民生大事，小学生以食物品质与食品安全为选题，体现了其胸怀国家，思长者之事的视野。研究方法上，小研究者们在样本的选取和指标的检测方面都显示出一定的科学水平和研究能力，同时该研究结果能给人们的行为选择一定的现实指导意义，是一项既有一定的科学水平又有实践意义的研究。

（点评专家：孙君茂）

一、选题的目的及意义

我国是猪肉、禽肉、禽蛋生产大国，猪肉是我国居民消费的主导肉类，禽肉次之，禽蛋作为蛋白质重要来源也是我国消费的重要畜产品。居民购买畜禽产品的渠道主要是超市和农贸市场，且大家普遍认为超市的产品质量要好于农贸市场。目前，生猪和禽类大多采用集约化规模养殖模式，养殖密度大，但标准化管理水平较差，导致猪病、禽病情况比较严重。养殖企业和养殖户为了防病和治病需要，常常添加使用一些禁用药物，其中，禁用抗病毒和抗菌药物是两类常违法添加的药物。本调查通过对超市和农贸市场出售的猪肉、鸡肉、鸡蛋 3 类主要畜禽产品随机取样，利用实验方法检测上述 3 类产品中是否含有违禁用药物，以初步证明超市的产品质量是否明显好于农贸市场，并了解海淀区主要畜产品质量状况。

二、调查的技术路线

确定选题 ➡ 确定调查对象及 ➡ 内容 ➡ 设计随机采样方案

采样 ➡ 实验室试验检测 ➡ 结论

三、时间进度安排

1、确定选题

2014 年 6 月中旬，在初步调研的基础上确定选题。

2、确定调查对象及内容

2014 年 6 月 30 日前，确定调查对象及内容。

3、设计随机采样方案

2014 年 7 月初，在海淀区按照地理分布、选择采样点 6 个，其中，超市 4 个，农贸市场 2 个。

4、采样

2014 年 7 月 5 日，课题小组集体到采样点对猪肉、鸡肉、鸡蛋 3 类产品随机取样。

5、实验室试验检测

2014 年 7 月 6 ~ 15 日，采用已有的实验室方法测定样品标本中是否含有禁用抗病毒药物“金刚烷胺”和“硝基呋喃”类抗菌药物。

6、结论

2014 年 8 月，根据试验结果，完成调查报告及相关附件材料的撰写。

研究报告

北京市海淀区主要超市及农贸市场猪肉、鸡肉和鸡蛋质量状况研究

摘要

目的：通过检测北京市海淀区市售猪肉、鸡肉和鸡蛋中禁用抗病毒和抗菌类药物含量，一是了解超市与农贸市场的产品在禁用药物方面有无显著差别（人们普遍认为超市产品质量要好于农贸市场），二是调查海淀区主要畜产品违禁药物的使用状况。方法：通过随机抽样选取海淀区各类市场畜产品样品，采用实验室方法测定标本中金刚烷胺和硝基呋喃类药物含量。结果：市售3类37份食品样品中，未检出硝基呋喃抗菌药物；除猪肉样品未检出金刚烷胺外，鸡肉、鸡蛋样品中个别检出微量金刚烷胺抗病毒药物，且超市和农贸市场的样品中均有检出。此实验结果表明海淀区市售的抽样畜产品存在偶尔的使用禁用药物问题，且超市和农贸市场中都有检出。

关键词：畜产品　质量　金刚烷胺　硝基呋喃　检测

我国是猪肉、禽肉、禽蛋生产大国，猪肉和禽蛋产量位居世界第一，禽肉产量仅次于美国，位居世界第二。由于长期的饮食和消费习惯，猪肉是我国居民消费的主导肉类，禽肉次之，禽蛋作为蛋白质重要来源也是我国消费的重要畜产品。居民购买畜禽产品的渠道主要是超市和农贸市场，且大家普遍认为超市的产品质量要好于农贸市场。由于我国畜禽养殖业管理不十分规范，养殖企业和养殖户为了防病和治病需要，常常有意或无意添加使用一些禁用药物，其中，禁用抗病毒和抗菌药物是两类常违法添加的药物。相关媒体报道的“速生鸡”事件中，就从鸡肉中检出了金刚烷胺等抗病毒类药物残留。本研究通过对超市和农贸市场出售的猪肉、鸡肉、鸡蛋3类产品随机取样，利用已有的实验方法检测上述3类产品中是否含有禁用抗病毒药物“金刚烷胺”和“硝基呋喃”类抗菌药物，以试图证明超市的畜产品质量是否明显好于农贸市场，并了解海淀区主要畜产品在禁用药物方面的质量状况。

一、样品采集

1. 采样点设置 本次研究在海淀区按照地理分布选择采样点 6 个，其中，超市 4 个，农贸市场 2 个。

序号	采样点名称及地址
1	沃尔玛（知春路店） 北京市海淀区知春路甲 48 号 4 号楼地下一层
2	统一优玛特超市（永定路店） 北京市海淀区永定路 88-12 号西点百货美食广场 1 层
3	卜蜂莲花（金源店） 海淀区远大路 1 号金源新燕莎 MALL 西侧 B1 楼
4	美廉美超市（百旺商城店） 海淀区圆明园西路 18 号中发百旺商城地下一层
5	明光寺农副产品综合批发市场 海淀区学院南路四道口
6	北京上庄水乡农贸市场 北京市海淀区上庄

2. 采样数量 按每个采样点每种产品分不同品牌、不同摊位取样 2~3 份，6 个采样点共采集猪肉 12 份、鸡肉 13 份、鸡蛋 12 份，猪肉、鸡肉每份样品 500 克左右，鸡蛋每份样品 6~7 个鸡蛋。

二、检测方法

1. 检测指标 本次调查主要检测样品中抗病毒药物“金刚烷胺”和抗菌药物“硝基呋喃类”残留量两项指标。

（1）金刚烷胺 金刚烷胺俗名叫“病毒灵”，属于人用抗病毒药，最早用于抑制流感病毒。一些不法商贩采用金刚烷胺人用药物，用于抑制禽类的禽流感等病症。其原因是价格低廉，但如果用量不当会导致其在禽类体内残留或禽流感病毒变异，人食用后会对人体造成伤害，且产生对病毒耐药性。据报道，大剂量金刚烷胺对动物有胚胎毒性和致畸作用，由于金刚烷胺可由乳汁排泄，因此妊娠期及哺乳期妇女禁用此药。早在 2005 年农业部第 560 号公告里就指出，金刚烷胺类等人用抗病毒药移植兽用，“缺乏科学规范、安全有效实验数据，用于动物病毒性疫病不但给动物疫病控制带来不良后果，而且影响国家动物疫病防控政策的实施”，因此要求立即停止生产、经营和使用，否则按禁用兽药处理。

（2）硝基呋喃　硝基呋喃类药物是人工合成的广谱抗菌药物，在养殖业中经常使用的硝基呋喃类药物主要包括呋喃西林、呋喃妥因、呋喃唑酮、呋喃它酮。目前，硝基呋喃类药物的副作用已引起人们的高度关注。硝基呋喃类药物及其残留主要危害是，对畜禽有毒性作用，连续用药会导致雏鸡出现呆滞、厌食、兴奋、惊厥甚至死亡；具有致癌致畸及细菌突变；代谢产物在动物体内长期存在，人类食用后对人体健康造成危害。

由于硝基呋喃类化合物或它们的代谢物被证明对动物具有致癌毒性，世界上许多国家已禁止在食用动物中使用硝基呋喃。2002 年农业部第 193 号公告将硝基呋喃类药物的呋喃唑酮、呋喃它酮、呋喃苯烯酸钠及制剂列为禁用药物。2005 年中华人民共和国农业部第 560 号公告中又规定禁止使用硝基呋喃类药物的呋喃西林、呋喃妥因及其盐、酯及制剂。

2. 检测方法

（1）目前，动物性食品中金刚烷胺和硝基呋喃类药物残留量的测定最先进的方法是液相色谱—串联质谱法。样品经前期处理后，通过色谱方法将物质分离，通过质谱方法判断物质的具体成分和含量。

（2）金刚烷胺测定

提取　分别取适量猪肉、鸡肉或鸡蛋（去壳）绞碎，称取样品约 2 克，放入离心管中，加入 D15- 金刚烷胺标准工作液 20 微升。然后加入 1% 的乙酸乙腈 10 毫升，漩涡 2 分钟，离心 5 分钟，上清液转入另一离心管中，重复提取一次，合并两次上清液。

净化　备用液中加入无水硫酸钠 3 克，正己烷 10 毫升去脂，涡旋 1 分钟，离心 5 分钟，弃去正己烷层，剩余溶液转至鸡心瓶中，40℃水浴下旋转蒸干，用 1 毫升甲醇溶解残渣。然后加入净化剂 PSA50 毫克，涡旋 30 秒，取上清液过滤至 1.5 毫升试管中待检。

检测　采用美国 AB 公司生产的 API2000 型串联质谱仪，通过观察试验样品色谱图的保留时间，与相应标准品的保留时间对照判断样品中是否含有禁用药物，同时利用仪器自带的 Analyst 软件计算出阳性样品中禁用药物的具体含量。

（3）硝基呋喃测定

由于硝基呋喃类药物在动物体内数小时可降解，但其代谢产物能与蛋白

质紧密结合，形成稳定的残留物。因此，检测动物体内是否含有硝基呋喃类药物，就是检查样品中是否含有硝基呋喃类常见四种代谢物：AOZ、AMOZ、AHD 和 SEM 的含量。

洗涤　分别取适量猪肉、鸡肉或鸡蛋（去壳）绞碎，称取样品约 2 克，放入离心管中，加水 1 毫升和甲醇 8 毫升漩涡 5 分钟，离心 10 分钟，弃上清液，分别按上述过程用甲醇、乙醇和乙醚洗涤两次。

衍生　洗涤后分别加入硝基呋喃四种代谢物的标准工作液 100 微升。加水 4 毫升，盐酸 0.5 毫升，与加入的 2- 硝基苯丙醛溶液进行反应，37 度避光水域放置约 16 小时。

提取　衍生物加乙酸乙酯 5 毫升涡旋 5 分钟，离心 15 分钟，吸取上清液，用氮气吹干。用甲醇水溶液溶解残余物，过滤后待检。

检测　采用美国 AB 公司生产的 API2000 型串联质谱仪，通过观察试验样品色谱图的保留时间，与相应标准品的保留时间对照判断样品中是否含有硝基呋喃代谢物，同时利用仪器自带的 Analyst 软件自动计算出阳性样品中禁用药物的具体含量。

三、结果与分析

1. 检测结果

（1）被检样品中金刚烷胺含量测定结果

3 类共 37 份样品中，猪肉样品中未检出金刚烷胺成分，鸡肉和鸡蛋有不同程度检出。

样品种类	样品份数	检出份数	检出含量 (ng/g)	检出样品来源	检出率
猪肉	12	0	0	——	0
鸡肉	13	1	1 .0310 ppb	超市	7.69 %
鸡蛋	12	2	1.1163 ppb 1.3952 ppb	超市 农贸市场	16.67 %

（2）被检样品中硝基呋喃类代谢物含量测定结果

3 类共 37 份样品中，未检出硝基呋喃类药物代谢物残留量。

2. 研究分析

本次实验中，海淀区三大类 37 份畜产品样品中未检出抗菌药物硝基呋喃代谢物残留量。除猪肉样品外，在鸡肉、鸡蛋类畜产品中个别检出金刚烷胺抗病毒药物。

虽然被检出样品中金刚烷胺药物含量极低，但也说明有人为因素在违法使用该禁用药物。

总的来说，在禁用药物使用方面，海淀区市售鸡肉和鸡蛋存在少量违法使用抗病毒药物的问题。

同时，检测出问题的 3 份样品中，2 份购自超市，1 份购自农贸市场，说明大家普遍认为超市产品质量明显好于农贸市场的“常识”也不一定正确，它们可能同样存在着某些农畜产品质量问题。

此研究结果提示我们要更加关注食品质量问题，建议农产品质量管理部门要加大对入市农产品的监督与检测。

锄禾日当午
汗滴禾下土
……

爱惜盘中餐
粒粒皆辛苦

小学生午餐浪费情况调查

我和我的小伙伴们

组名：媛婧魅婕

小组简介：虽然我们有组名，但是，大家都称之我们为“午餐浪费”小组。别误会，这个名称可不是因为我们浪费粮食而来的，而是因为我们研究的课题题目叫做：农科附小的午餐浪费情况调查，简称“午餐浪费情况”。久而久之，“情况”这两个字就也被去掉了。因此，被这样称呼。这就是我们组，很有意思吧！

团队口号：节约粮食，反对浪费，努力研究，加油！！

于小

我是课题研究小组的组长。许多人说我善良，有人说我漂亮，所有人还都说我守信用，负责任。我喜欢参加社团活动，如田径队、管乐团、还有以前的垒球队，我都是其中的一员，虽说我的成绩不是很突出，但是，我依旧喜欢这些活动。我喜欢小动物，也喜欢和它们一起玩耍，有时我也会把它们抱起来，帮它们梳理毛发。我最喜欢的季节是夏天，我喜欢夏天的那一抹刺眼的阳光，还喜欢夏天走到哪里都能够看到美丽的花朵景色。最重要的是，夏天可以穿上我最喜欢的风格：连衣裙、外搭加上凉鞋。我最喜欢的花朵是玫瑰和紫罗兰，最喜欢的体育运动是——跨栏。我特别喜欢听音乐，只要是好听的，我就会收藏下来，一遍遍地去听。我还喜欢收集笔记本，大的、小的、薄的、厚的，只要好看，我就一定会收藏起来，这也引起了“大灾难”呢。在课题研究小组里，我是主要的负责人，课题研究记录本、调查问卷的发放工作，部分计划，全部都是出自于我手里的。不过我习惯做事认真，别人帮忙我，会给予应有的奖励。这也就是为什么我们组收回的调查问卷那么多的原因。这就是我，一个高冷多于逗比的性格。

秦若雯

我是秦若雯，是我们课题小组的组员。我还是农科附小合唱团的一员。我热爱音乐，在合唱方面表现突出。我的爱好广泛，除了唱歌之外，我还喜欢阅读一些好看的书，我也喜欢滑冰和旅游。在旅游的时候我会将各种各样的车票和门票收藏起来，当做记念。我喜欢春天的春光明媚；夏天的鸟语花香；秋天的果实累累；冬天的白雪皑皑。我和我们组的组长于小一样，也十分喜爱小动物，我最喜欢猫咪，曾在2014年收养了一只天生“残疾”的小猫并且给它起名为“雪团”。我在课题研究组也是必不可少的一员，调查问卷的出题，整理总结，这都是我的任务。同时，我还在一个月内坚持每天调查同学们的倒饭量和对今天午餐的喜爱程度，虽然很累，但是，终归是我们的课题有帮助的，这让我很开心。这就是我，喜欢小动物的我，喜欢一年四季的我，喜欢音乐的我。

（一）我们的行动

活动的起因——为什么要开展这次调研

学校为学生统一提供午餐，有效解决了学生的午餐问题，但是在实行过程中存在着一定的浪费现象。本社会调查通过持续地调研跟踪，确定午餐浪费的实际情况，找出浪费的原因，并提出改进建议。

准备工作——调查主体的确定，调查的路线设计、方案

1. 每天到不同班级观察同学倒剩饭的情况，不少于 4 个年级。
2. 到各班随机发调查文卷，收集 150 份以上的有效问卷。
3. 查找网上新闻和资料，了解不同地区、国家中小学午餐的情况。
4. 对调研数据进行统计和分析，与网上资料进行对比。
5. 得出调查结论，撰写调查论文。

调查过程——令我们印象最深刻的一次活动

经过了很久的研究，我们准备进行发问卷的活动。那天早上，我们正在商量这次的问卷活动计划可不可行。虽说前一天已经把所有事情全部弄好了，但我们心里仍然还是没有底，生怕出了什么事。

“咱们今天什么时候去发问卷？”我问秦若雯。

她说：“中午十二点半午休的时间怎么样？那个时候大家都在班里，应该会好发一点吧。”

“嗯，好！那就十二点半去发吧。”我继续问着：“那你说咱们是就发咱们年级呢，还是也给别的年级发呢？”

“我觉得还是就发咱们年级吧。”秦若雯说。

“我也觉得是，毕竟咱们年级会配合的较好一些，并且，他们也在做课题，

在这过程中说不定还能得到些启发和帮助呢！”就这样，我们的计划完美地定了下来。虽说没有任何问题，可我还是心里没底，总觉得会出什么差错，但看到秦若雯十分有把握的样子，我也就只好把这些都藏在心底，没有再说些什么。

中午，我们就开始了分发调查问卷的工作。由于我们组只有两个人，在工作上面就有可能会力不从心。因此，我邀请了身在其他组的王子懿同学和我们一起去发调查问卷。当然，她也很爽快地同意了。于是，这个十分艰巨的任务就此开始了。

经过讨论，我们决定，先在自己班进行调查。一来是因为给我们班的同学发问卷不存在任何紧张、慌乱的心情。二来是因为我们不确定应该怎么样去说，所以，在我们班当做练手。

就这样，我们站在讲台前面，我抱着问卷，往前走了一步，深吸了一口气，说到：“打扰大家一下，是这样的，我们的课题研究已经研究到了一定的程度，现在需要对大家进行问卷的调查，希望大家积极配合，谢谢！”我说完这段话后，看到大家脸上的笑容，还有那一句句的：“没问题，配合，一定配合！”让我们之前那种担心的心情也因此而消失了。

不过，虽然大家说了配合，但我们又怕最后有很多人写完问卷后不交回来。所以，为了预防万一，我们想到了一个好办法：让大家写完问卷后，把问卷交到我们班门口，可以得到奖品。可是，这么重要的事项，我竟然忘记说了，幸亏王子懿补上了一句：“写完后，把问卷交到我们班那里，可以得到奖品。”真是好朋友呀，在关键时刻帮了我大忙。

就这样，我们去了其他班，回答都很一致，大家都很配合。同学们写完了也都纷纷过来交了问卷，同样他们也拿到了许多奖品，有橡皮、圆珠笔、荧光笔、涂改带等，还有一些糖果。看得出，大家都很开心。

调查结果

这一次的课题已经结束了，这次的研究，给我们留下了的难忘和不舍，也有着太多值得我们深入思考的地方。同时，这次的课题研究也让我们受益匪浅。很多的东西，是我们没想到的。就比如在那次发调查问卷的过程中，我们没有想到会这么的顺利，因而造成了很多不必要的紧张情绪。这次的课题研究

让我们学习到了许多书本上学不来的东西，是课题研究让我们明白了做事一定要有团队意识；是课题研究让我们明白了做事情一定要不怕挫折，在任何情况下都应该努力地去面对：也是课题让我们明白了很多事情，看似困难，但只要你用心，它并不难。

说了这么多，再来说说课题研究的成果：这次的研究让我们知道了统一吃午餐不仅能有利于我们的健康，也会影响到我们的学习效果，同时能够帮助到家长，在美国、日本等国家是很普遍的做法，他们的饭菜也不一定很可口。而不剩饭也是可以做到的，如果我们在家可以不剩饭，日本学生在学校可以不剩饭，那我们在学校也就可以不浪费。我们的国家比很多国家都缺粮食，我们更需要节约，而不是浪费。

（二）我们的故事

在这次的课题研究中，我们经历了许多，学习到了许多，也感受到了许多。课题研究真的让我们明白了太多太多。我最难忘一件事，是那次统计调查问卷时发生的一切。它让我明白了坚持的可贵，来听一听是怎么回事吧。

在收回问卷汇总后，我和秦若雯就开始了调查问卷的统计活动。我们是利用 Excel 来进行数据统计的，我们开始把一百多份问卷分成十张一组，开始了汇总工作。一个人读，另一个人输入电脑，干得十分顺利。可是，在我们弄到一半的时候，电脑出了一些错误，因此自动关机了。我们并未保存文件，因此，之前录入的所有一切全部都功亏一篑了。当时我们心里好难受，觉得这一个多小时的努力就这样白费了，心里不禁有些伤心。不过，我们想：既然已经丢失了，那么与其这样子不高兴，倒还不如把这个时间用在录入数据上，大不了多来几次，没关系的。就这样，我们重新录入了问卷选项结果。果然，两个小时后，经过我们的努力，我们终于完成了所有问卷的汇总工作，我们看到这一下午的劳动成果，都很是欣慰。

通过这次的活动，我们更加深刻地体会到了坚持是多么的重要，也更加理解了课题研究的艰辛。我想，这必定会让我们终生难忘。

（于小）

看似不起眼的选题，往往是很困难的。对我而言，我们组的选题让我们经历了很多挫折，但也是它让我们学会了坚持和团结。

那时，我和于小选好第一个课题后，就以最快的速度行动起来：开始研究的第二个周末，我们组就已经开始了本组的外出活动—第一次活动地点是西单商场。我和于小还有家长们早早地来到了西单商场，开始活动。当商场刚刚开门，我们就走了进去。我们东看看西看看，生怕将和服装有关的任何一家店铺错过。从刚开门一直逛到黄昏，离开时已看见了日落。

回来之后我们以最快的速度设计了调查问卷，并下发、回收。

可好景不长，我们组的第一个课题竟然不符合要求，这意味着我们之前的辛苦都白费了。活动组织了，问卷收集完了，可是题目不合格。

之后，我们组再也没有像以前那样的活动了。当其他组激烈的争执时，我们也只是清清淡淡地说上几句，然后就只剩下沉默了。

正当我们一筹莫展的时候，老师帮助了我们。在老师的帮助下，我们找到了以前的那种感觉，完成了这一次的工作。

所以说，千万不要小看课题中的每一个细节。小课题中的每一个环节往往都是环环相扣的，不能有一丝疏忽。如果不慎出现了错误，就会对以后的研究造成很大的影响，甚至会导致无法继续研究课题。

（秦若雯）

在物质极大丰富的今天，小学生午餐浪费并不是一个孤立现象。没有经历缺食少穿的孩子们对粮食的节约缺乏着内心深处的认同感，他们的节约意识还仅停留在口头上。撰写这篇文章的同学敏感抓住这一不良现象，通过思考，发放问卷，了解、总结、分析了身边的午餐浪费情况，对比国外小学生的就餐现状，给出了她们的解决方案，这是很可贵的！要知道“民以食为天”，目前，我国已成为世界上最大的粮食进口国，节约粮食刻不容缓，家庭、学校、社会应共同行动起来，形成全社会的节约之风！见微知著，为爱思考的孩子们鼓掌！

（学生家长）

作为家长我们很开心地看到通过这次的科研小课题活动，秦若雯和于小在很多方面都取得了明显的进步！孩子们长大了！

在活动初期，孩子们一起讨论研究课题时，出现了很多分歧、也有争执，但最终达成了一致，这让她们学会了耐心聆听、互相尊重、平等沟通；研究过程中，她们自己编写问卷、制订调研计划并分工实施，不过由于持续时间长，孩子们中途会失去积极性、也闹过矛盾，但在陈老师的督促指导下，她们最终没有半途而废，也学会了坚持到底、相互理解、团队协作；最终她们完成了课题研究并获奖，我想这个奖是对她们一学期辛苦付出的最好回报，同时也让她们真正体会到一分耕耘一分收获。

作为家长我们要感谢陈老师，让我们有机会和孩子们一起分享这份收获的喜悦！同时我们由衷地为她们感到骄傲和自豪！

（学生家长）

小课题研究，通过对小学生午餐就餐情况的调查，收集了小学生午餐浪费情况相关信息，不仅锻炼了作者参与社会调查的能力，同时也促进作者对国内、外学校供餐发展史和相关知识的学习和了解。该课题研究设计思路清晰、具有一定创新性。该调查发现，54% 同学都会在学校午餐时剩饭，而在家剩饭仅 17%。对于了解本校小学生午餐就餐状况以及对学生午餐的管理均具有一定指导意义，对于培养学生养成良好的饮食行为和习惯具有较好的启示作用。通过对研究的分析和讨论，体现出作者具备较好的研究探索精神。

（点评专家：孙君茂）

研究报告
小学生午餐浪费情况调查

作者：秦若雯　于小
辅导教师：陈爱红

一、研究背景

学校为学生统一提供午餐中，存在一定的浪费情况，这个社会调查主要对中国农业科学院附属小学的 3 ~ 6 年级同学的午餐情况进行了观察及问卷调研，收集了 198 份有效问卷。

二、研究材料与方法

（一）设计调研问卷：

1. 你在学校吃午餐吗？

A. 是　　B. 不是

2. 你中午会剩饭吗？

A. 是　　B. 不是

3. 你剩饭的原因是？

A. 吃不完　　B. 不爱吃　　C. 其他

4. 你多长时间会倒一次剩饭？

A. 每天　　B. 经常　　C. 偶尔

5. 你每次会倒掉多少剩饭？

A. 一点点　　B. 少于 1/4　　C. 1/4 以上

6. 你在家里也会剩饭吗？

A. 是　　B. 不是

7. 挑食会影响健康吗？

A. 是　　B. 可能　　C. 不会

8. 家长了解你在学校的午餐情况吗？

A. 是　　B. 不是

（二）互联网查找关于小学午餐浪费的信息：

（三）互联网查找不同国家和地区的小学午餐情况：

1. 美国小学午餐情况；

2. 日本小学午餐情况；

3. 中国台湾小学午餐情况；

三、调查结果与分析

（一）现状

通过调研问卷看 100% 的同学都在学校吃午餐。

1. 有 54% 的同学都会吃不完（图 1）

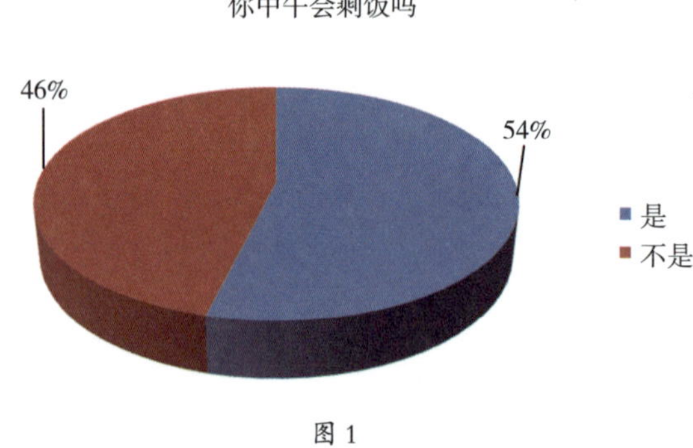

图 1

2. 剩饭最主要的原因是太多吃不完，占 49%，还有 34% 的同学因为不爱吃会剩饭（图 2）

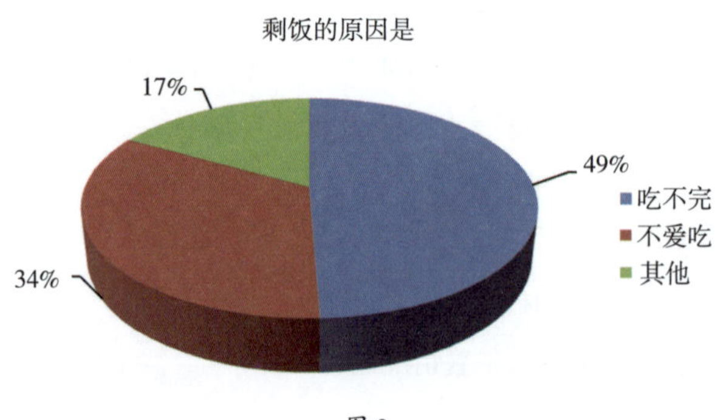

图 2

3．同学们剩饭并不多，81% 的人剩饭不到 1/4（图 3）

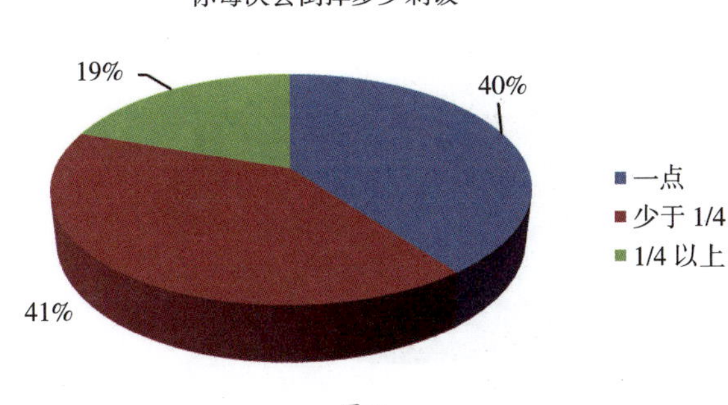

图 3

4．大多数的同学在家里不会剩饭占 83%（图 4）

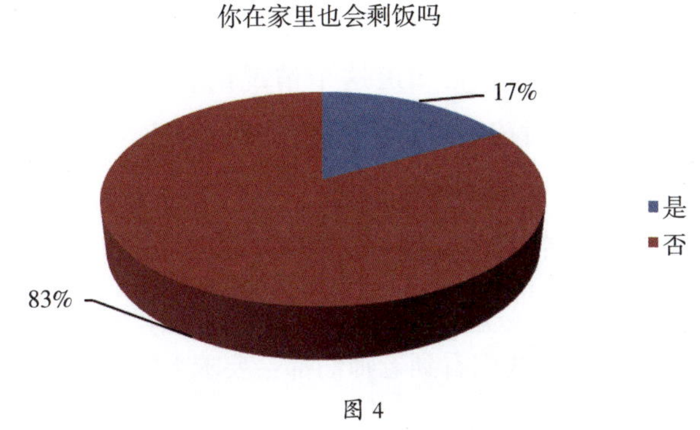

图 4

5．绝大多数同学都了解挑食会影响自己的健康，但他还是会剩饭（图 5）

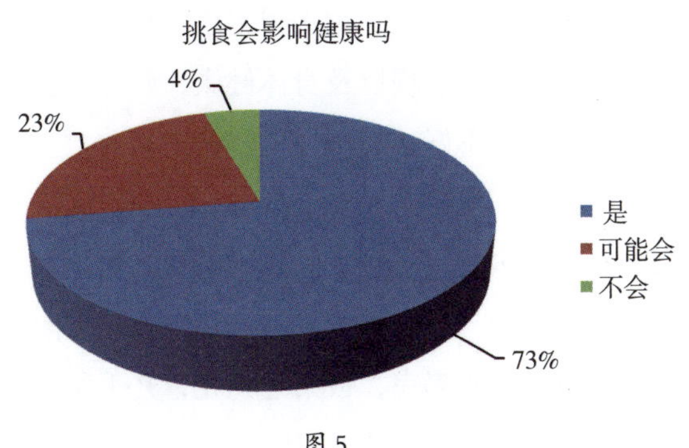

图 5

6. 大多数家长都知道孩子在学校会剩饭，但并没关注（图 6）

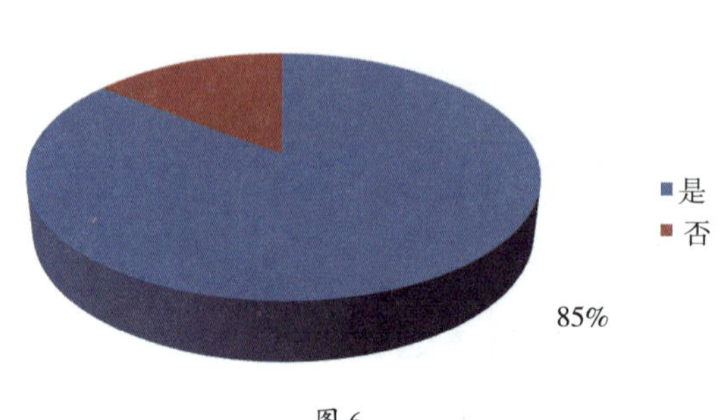

图 6

（二）分析

1. 多数同学（54%）都会在午餐时剩饭，虽然每个人剩的不多，但是，浪费还是很严重的。

2. 大多数家长（85%）是知道这个情况的，而在家里大家很少剩饭（83%），说明家长在家里对孩子的要求比较严格，但是，对在学校的浪费的情况不注意，或者认为这是老师应该管理的。

3. 同学们对挑食的危害很清楚，但仍然会剩饭，原因主要是饭太多吃不完，或者是不可口。

4. 在日常的观察中，我们看到老师们都会要求大家不要浪费粮食，但是，没有很具体办法来减少这些浪费。

（三）比较

1. 美国小学的午餐：美国公立中小学生上学不用带午餐饭盒，因为所有的学校都为学生提供午餐，这让家长省去很多事。他们重视午餐，因为饮食习惯影响学生的学习质量和学术表现以及身体健康，营养不良的学生在课堂上往往注意力不集中、学习成绩不好。（摘自：搜狐教育）

2. 日本小学的午餐：我们在武石小学的饭堂里，看到的午餐是这样的，其实我原来在网上看过很多日本小学生午餐的文章，对比下来，这里的午餐算是比较简单的了。一碗蛋汤，一碗米饭，一点青菜，一点肉。菜的味道非常一般，没有精心制作。最后牛奶喝完，饭菜吃光光，几乎所有日本小朋友的午餐都是这个结果。剩下的牛奶，小朋友们用石头、剪刀、布来决定谁喝。（摘自

百度贴吧）

四、结论

1、小学统一提供午餐，可以减轻家长的压力，为学生健康，世界上很多国家都是这么做的。

2、不浪费粮食、少剩饭是可以做到的，同学们在家里可以不剩饭，日本的学生都不剩饭；说明我们在学校里没有严格地要求自己，养成好的习惯。需要家长和老师一起建立更严格的要求，特别是在一、二年级就养成不浪费的习惯。

3、吃不完是剩饭的主要原因，可以在取餐的时候采取自助的方式，同学们按需要自己盛，盛到碗里的必须吃完，避免浪费。

五、活动心得

我认为这次的调研很有意义，让我们知道了统一吃午餐不仅能有利于我们的健康，也会影响到我们的学习效果，同时能够帮助到家长，在美国、日本等国家是很普遍的做法，他们的饭菜也不一定很可口。而不剩饭也是可以做到的，如果我们在家可以不剩饭，日本学生在学校可以不剩饭，那我们在学校也就可以不浪费。我们的国家比很多国家都缺粮食，我们更需要节约，而不是浪费。

六、参考资料

1. 搜狐教育

2. 百度贴吧

农科附小的午餐浪费情况调查问卷

1. 你喜欢吃咱们学校的午餐吗？

   喜欢（　　）　不喜欢（　　）　一般（　　）

2. 中午你经常倒饭吗？

   经常（　　）　不经常（　　）　偶尔（　　）

3. 你在家里也剩饭吗？

   剩饭（　　）　不剩（　　）

4. 你家长了解学校午饭的情况吗？

   了解（　　）　不了解（　　）

5. 你最喜欢吃学校的什么菜？为什么？

   ____

6. 你倒饭的原因是什么？

   ____

请如实填写，谢谢合作！

心灵的窗户
一定要亮晶晶哦

保护视力
成就未来

小学生如何预防视力下降

我和我的小伙伴们

大家好！我的名字叫赵海山，今年 12 岁。我兴趣广泛，喜欢看关于物理类的书，还喜欢打乒乓球，做关于物理的小制作和小实验。我自己在家里做过红绿灯模型、飞机模型。还做过法老之蛇、蓝白瓶子、点水成冰等化学实验。

在学校里我还义务帮老师整理图书角、图书馆的图书半个学期多，我敢保证我摆过的书架没有一本摆错。并且把其他一些同学也拉拢进义务整理图书的队伍里来。受到了老师的全校广播表扬。

我有一些偏科，只对科学物理感兴趣，获得过一些含金量很高的奖状，比如，单片机智能控制二等奖。其他科目都没有科学学得好。

我的梦想是做一个化学家，发现几乎所有未知的元素。我还想做一名发明家，让人们生活得更幸福。

小组的故事

故事一：集思广益找办法

经过我们半年的努力，我们组的小课题终于进入了复赛，复赛需要答辩。我们每一个人都是第一次接触答辩，都感到了一定的压力，不知道该怎样去准备。所以，为了保证效率，节约时间，决定于周日上午在麦当劳内碰头一起讨论。“三个臭皮匠顶个诸葛亮”，我们准备集思广益，寻找应对方法。

到了麦当劳，根据老师的要求，每个人都要在答辩时发言。李若涵口才好，会读书，又是女孩子，比较沉稳。所以，让她读背景介绍、调查方式并回答相关问题。论文是我写的，所以我读分析结论、数据处理与分析，回答相关问题与冷门问题。秦博文，踏实务实，肯花力气，所以他读带给我们的思考、基本数据及回答相关问题。

当然，工作之余，我们都没忘掉美食。到了麦当劳，怎能不吃吃喝喝呢？那天，我点了一大杯手工磨制咖啡——卡布奇诺，好好过了把瘾！

后来，我们顺利地通过了答辩，秦博文同学为了保证答辩任务的完美完成，下功夫将整片论文背了下来。他严谨的学习态度令人佩服，值得我们学习。

小课题研究结束了，我们获得了二等奖的好成绩，有喜有忧、有笑有泪、有花有果、有香有色。大家十分骄傲，这是我们的开始，也是我们的经验。为我们将来培养做事风格，打下了坚实的基础。

故事二：团结的力量助我们成功

小课题调查结束了，每当我打开电脑浏览研究报告时总会想：我们这次为什么会成功？知识？不，我们没有那么多智慧；专家的帮助？不，我们的

家长没有是这方面的专家。我想了 很久，最后，我认为是团结的力量让我们走向成功之路。

世界上有许多事需要合作，只有合作才能成功。让我们听一篇小故事。

枪和子弹是一对好朋友，他们在一起打过许多胜仗。

一次，战争又开始了。他们的主人杰克用枪把子弹射出去，成功地把子弹射进了敌人将领的胸膛。这一仗，他们又胜利了。

打完仗，枪和子弹聊起天来。子弹说：“这一仗，我的功劳最大，如果不是我射进了敌人将领的胸膛，咱们早打败仗了！”枪生气地说：“要我说，还是我的功劳最大，如果不是我把你射出去，你能进敌人的胸膛还是个问题。我的功劳应该比你大！”子弹生气地说。他们吵了起来，谁也不理谁。

战争又开始了，子弹想射出去，但没有枪，浑身动弹不了。枪使劲打，但射出去的只是空气。这一仗马上就要失败了，主人生气地把他们扔到了地上。

一个年轻的战士把他们捡起来，把子弹安进枪膛里。射出了子弹，把它射进了敌人的胸膛。这时，他们才明白了一个道理：只有合作才能成功！

（课题组成员）

小课题研究选择了与小学生健康密切相关同时又是十分突出的问题，从日常学习生活中与用眼卫生的各个方面入手，设计了较为详细的问卷，获取了一批有意义的数据，对数据进行了比较专业的统计分析，得出了一些初步结论，特别是通过调查发现男女生视力下降情况存在显著差异，值得引起重视和更近一步研究。通过这个调查，参与者们掌握了问卷调查的基本方法，对于培养探索未知、严谨求实的科学精神大有裨益。

（点评专家　刘蓉蓉）

一、如何确立我们的题目

有关数据表明，我国现有盲人500多万，低视力近千万，尤其是在儿童及青少年当中，患病率极高。全国学生体质健康调研最新数据表明，我国小学生近视眼发病率为22.78%，中学生为55.22%，高中生为70.34%。学生视力近视情况呈按年级增高逐步上升状态。

作为一名小学生，看到这些数据和周围伙伴们的视力状况，也为之忧心忡忡。怎样才能在小学阶段就让同学们及早懂得用眼常识，并总结出一些行之有效的办法来指导他们的生活和学习呢？怎样才能做到视力保健，预防为主，治疗为辅呢？不妨通过这次年级组织的综合实践课题调查活动来帮助同学们认真对待这个问题吧。

二、调查方式

1. 调查对象：包括中国农业科学院附属小学分部的五年级、四年级、二年级和本部的一年级、三年级同学。

2. 获取数据方式：鉴于小学生目前每日的学习和生活时间的快节奏，我们打算采用网络搜集背景资料和发放调查问卷的两种效率较高的方式同步进行。

3. 调查地点：原打算可以发动小组成员在住宅小区内发放一部分问卷，但因为效率较低，所以最终放弃。全部问卷都在学校发放。

三、调查过程

选定题目 ➡ 确定调查对象 ➡ 拟定调查问卷 ➡ 采样 ➡ 样品筛选 ➡ 结论

四、研究进度：

（1）选定题目

2014 年 5 月中旬，在老师指导和小组同学讨论的基础上选定题目。

（2）确定调查对象

2014 年 5 月 30 日前，确定调查对象。

（3）拟定调查问卷

2014 年 6 月初，拟定好调查问卷，并开始发放。

（4）采样

2014 年 6 ~ 7 月，在学校的本部和分部校区发放并收集调查问卷 。

（5）样品筛选

2014 年 8 月，在暑假期间集中进行问卷筛选和数据整理。

（6）结论

2014 年 9 月，根据收集的资料和问卷的调查数据，完成调查报告及相关附件材料的撰写。

研究报告
小学生如何预防视力下降

作者：赵海山　秦博文　李若涵
指导老师：陈爱红　雷琛琛

一、背景介绍

1、调查时间：2014 年度下半学期（五年级下半学期）

2、调查小组成员：五年级 7 班，赵海山、李若涵、秦博文

3、问题的提出：

有关数据表明，我国现有盲人 500 多万，低视力近千万，尤其是在儿童及青少年当中，患病率极高。全国学生体质健康调研最新数据表明，我国小学生近视眼发病率为 22.78%，中学生为 55.22%，高中生为 70.34%。学生视力近视情况呈按年级增高逐步上升状态。

作为一名小学生，看到这些数据和周围伙伴们的视力状况，也为之忧心忡忡。怎样才能在小学阶段就让同学们及早懂得用眼常识，并总结出一些行之有效的办法来指导他们的生活和学习呢？怎样才能做到视力保健，预防为主，治疗为辅呢？不妨通过这次年级组织的综合实践课题调查活动来帮助同学们认真对待这个问题吧。

二、调查方式

1、调查对象：包括中国农业科学院附属小学分部的五年级、四年级、二年级和本部的一年级、三年级同学。

2、获取数据方式：鉴于小学生目前每日的学习和生活时间的快节奏，我们打算采用网络搜集背景资料和发放调查问卷的两种效率较高的方式同步进行。

3、调查地点：原打算可以发动小组成员在住宅小区内发放一部分问卷，但因为效率较低，所以最终放弃。全部问卷都在学校发放。

三、数据处理和分析

通过本小组成员的精诚合作，不懈努力。我们在短短的时间内共同发放调查问卷 50 张，其中，43 张有效。通过对调查问卷中所得到的信息的充分分析和筛选，我们得到了许多珍贵的一手数据。详细的数据样本分析详见论文后面的附件。

四、研究结果和研究结论

1. 总结论

刚入学时学生近视情况：

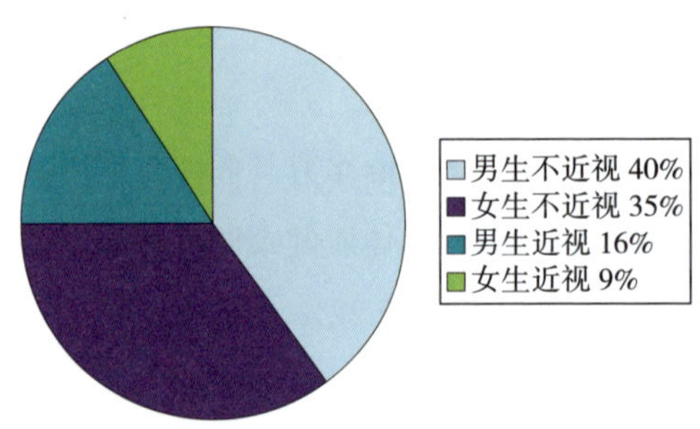

调查时学生近视情况：

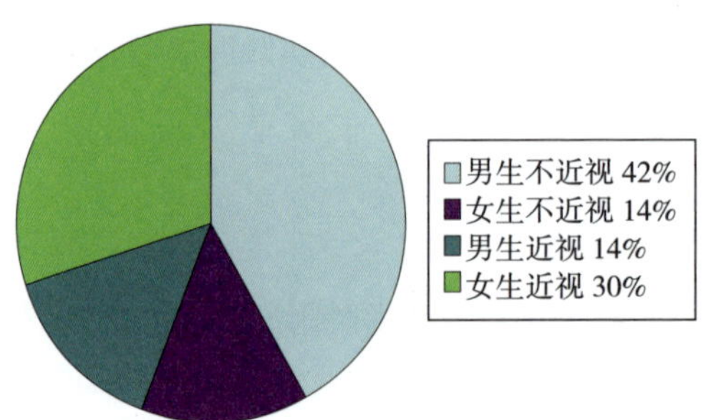

经过数据研究，我们发现：男生刚入学时 7 人近视，现在 6 人近视。女生刚入学时 4 人近视，现在 13 人近视。男生刚入学时近视人数与现在基本不变；女生刚入学时近视人数与现在比变化十分大。经过绘制饼图的对比，这种变化是显而易见的。是什么原因让男生视力保持得如此好，而女生如此糟糕呢？

2. 分结论

（1）预防视力下降，有节制的使用电子产品。

现在我们小学生的学习和生活，比任何一个年代都更多的使用眼睛。家长望子成龙，小学生的阅读量增大；各种各样的纸质阅读材料和电子阅读材料充斥在我们的周围。很多同学从幼儿园开始就接触到智能手机、IPAD和电脑，小学阶段这些辅助学习的工具更是不可或缺的。为了保护我们的眼睛，消极的一味摒弃这些方式是不科学的，所以我们需要的是在使用这些产品的同时，尽量保护我们的眼睛。

我们做了7天实验，结果显示：

玩20分钟IPHONE，视力接近轻度假性近视状态；

玩20分钟IPAD，泪膜破裂时间与干眼症患者相当；

玩10分钟手机，相当于看30分钟电视！

我们的结论是——有节制地使用电子产品。

比如，每天控制上网的时间；看半个小时书就适当休息10分钟；少用或者不用智能手机、IPAD阅读、游戏和聊天等。预防视力下降，从生活点滴做起。

（2）照明和阅读姿势。光线对小学生视力的影响。

我们的调查表明，不良的局部照明方式严重影响视力。周边环境与用眼界面的亮度对比越大，越易引起视力疲劳。白炽灯对视力影响要比荧光灯大。但是网上也有研究认为照明和近视无关。

阅读姿势不良也会造成视力减退。比如，躺在床上看书或不注意看书时眼睛距离书本的距离等。阅读距离越近，脖子倾斜度和背的弯曲度越大。这种姿势使学生看书时头部遮挡面积扩大，使眼睛变形，影响视力。

从我们调查资料来看，不能完全支持这些是造成视力下降的主要原因。

（3）运动与视力。本次调查发现，男生比女生视力保持得更好。其中，比较重要的一点是：适当的休息和经常运动也是防止视力过快下降的有效方式。

我们调查表明：经常跳绳有助于改善视力。

我们认为：人在弹跳时，全身的器官都进入了运动状态，双眼部的数条眼球肌需要进行协调配合，才能使物像清晰地呈现在视网膜上，以保证身体在下落时保持平衡姿态。弹跳可使视网膜进行平时难以进行的急剧的显像活动，使

视力得到调整，从而在无形中起到眼部保健操的作用，若长期坚持大有益处。

另外，多从事适宜的球类运动，比如乒乓球、羽毛球等，眼睛跟着球不断地调解距离，很好地缓解了眼睛肌肉的僵硬不适。在眼感觉疲劳时打上一盘乒乓球，眼睛比点了润洁液还感觉清爽。我们调查小组的成员就实验坚持多打乒乓球，视力一直保持良好，确实有效。

其他运动对于眼睛来说都是一种休息或放松，所以说运动有助于保持视力。

五、带给我们的思考

眼睛是伴随我们一生的重要人体器官，她是如此重要又是如此脆弱。所以，我们小学生要把保护眼睛当做我们的常识和习惯。

这次调查我们是作为一个团体来合作完成这个课题，虽然不完美，虽然还有很多需要改进和补充的地方。但是，我们很享受这个过程。

结论虽然出来了，但是我们还在思考：

1. 我们还可以更好地来合作完成一件事情；
2. 我们的调查问卷可以更加具体，得到更多的信息；
3. 做一件事情，最重要的是过程，结论是次要的。

附件：基础数据

一、调查文件基本数据：

共发放调查问卷 50 张，其中 43 张有效。

我们在农科附小一年级到五年级发放问卷：

1. 年级结构如下表：

一年级	二年级	三年级	四年级	五年级	六年级
1 张	7 张	2 张	9 张	24 张	0 张

2. 性别结构为：

男生 24 张，女生 19 张

二、问卷详细数据：

1．调查时学生近视情况：

数据	男生		女生	
	人数	比例	人数	比例
不近视	18	75%	6	32%
0～100 度	3	12.5%	5	26%
100～300 度	3	12.5%	5	26%
300～600 度	0	0%	1	5%
≥ 600 度	0	0%	2	11%
合计	24	100%	19	100%

与刚入学时学生近视情况对比，男生不近视的人数远远大于女生不近视的人数。男生可能平时十分爱玩，女生可能平时爱看书。

2．调查父母近视情况：

数据	男生		女生	
	人数	比例	人数	比例
都不近视	8	33%	5	26%
爸爸近视	6	25%	5	26%
妈妈近视	5	21%	3	16%
爸妈都近视	5	21%	6	32%
合计	24	100%	19	100%

由此可见，近视与遗传的关联性不强。

3．刚入学时学生近视情况：

数据	男生		女生	
	人数	比例	人数	比例
不近视	17	71%	15	79%
近视	7	29%	4	21%
合计	24	100%	19	100%

由此可见，男生刚入学时近视人数与现在比基本不变；女生刚入学时近视人数与现在比变化十分大，说明可能女生不注意保护眼睛。

4．每天看书总时间调查：

数据	男生		女生	
	人数	比例	人数	比例
0 小时	0	0%	3	16%
0～1 小时	11	46%	7	37%
1～2 小时	5	21%	4	21%
2～3 小时	2	8%	3	16%
≥ 3 小时	6	25%	2	10%
合计	24	100%	19	100%

由此可见，看书多并不意味着近视眼。

5．每天看电脑总时间调查：

数据	男生		女生	
	人数	比例	人数	比例
0 小时	8	33%	7	37%
0～1 小时	10	42%	6	32%
1～2 小时	5	21%	3	16%
2～3 小时	1	4%	2	10%
≥ 3 小时	0	0%	1	5%
合计	24	100%	19	100%

由此可见，看电脑时间要有节制。据我们调查看的时间在 2 小时以下对眼睛伤害不大；但 2 小时以上的容易造成近视。

6．看书、看电脑一般多长时间休息一次调查：

数据	男生		女生	
	人数	比例	人数	比例
半小时内	15	62%	10	53%
1 小时内	4	17%	6	32%
2 小时内	1	4%	1	5%
不到眼睛疼不休息	4	17%	2	10%
合计	24	100%	19	100%

由此可见，看书、看电脑期间，进行适当的休息是可以弥补对眼睛的伤害。

7．网龄调查：

数据	男生		女生	
	人数	比例	人数	比例
0 年	4	17%	6	32%
1 年之内	10	41%	5	26%
1 年～2 年	6	25%	5	26%
≥2 年	4	17%	3	16%
合计	24	100%	19	100%

由此可见，男生更喜欢上网。

8．上网一般多长时间休息一次调查：

数据	男生		女生	
	人数	比例	人数	比例
大体上是在自己掌握中	18	75%	11	58%
有时会上瘾，但大多数时候还是知道适可而止的	3	13%	4	21%
想控制时间，但一旦上网就忘了时间	2	8%	0	0%
没时间概念，顺其自然	1	4%	4	21%
合计	24	100%	19	100%

由此可见，男生上网更加节制。

9．玩手机游戏开始年龄调查：

数据	男生		女生	
	人数	比例	人数	比例
幼儿园	1	4%	2	10%
一年级	6	25%	3	17%
二年级	7	30%	2	10%
三年级	2	8%	4	21%
三年级以上	8	33%	8	42%
合计	24	100%	19	100%

由此可见，女生玩手机游戏开始时间比男生早。

10．玩 IPAD 游戏开始年龄调查：

数据	男生		女生	
	人数	比例	人数	比例
幼儿园	2	8%	2	10%
一年级	7	29%	3	17%
二年级	5	21%	2	10%
三年级	3	13%	2	10%
三年级以上	7	29%	10	53%
合计	24	100%	19	100%

由此可见，男生和女生玩 IPAD 游戏开始时间相当。

11．学生自己认为造成视力下降的原因调查：

数据	男生		女生	
	人数	比例	人数	比例
看书写字姿势不正确	9	37%	10	53%
长时间看电视或用电脑	8	33%	5	26%
不注意用眼卫生	4	17%	3	16%
先天性近视（遗传）	3	13%	1	5%
合计	24	100%	19	100%

由此可见，同学们对近视原因很了解。

12．预防近视的办法调查：

数据	男生		女生	
	人数	比例	人数	比例
使用正确的看书写字姿势	6	25%	4	21%
有节制地看电视或用电脑	14	58%	5	26%
不要长时间看书	1	4%	3	16%
长时间用眼后做眼保健操	3	13%	3	16%
注意用眼卫生	0	0%	0	0%
发现视力下降以后及时治疗	0	0%	4	21%
合计	24	100%	19	100%

由此可见，男生对预防近视的知识知道得十分详细、准确。

13．对写作业的姿势调查：

数据	男生		女生	
	人数	比例	人数	比例
很好	6	25%	7	37%
一般	14	58%	8	42%
很差	4	17%	4	21%
合计	24	100%	19	100%

由此可见，男女生对写作业的姿势正确与否都很重视。

14．对做眼保健操认真与否的调查：

数据	男生		女生	
	人数	比例	人数	比例
非常认真	11	46%	11	58%
偶尔	9	37%	8	42%
不认真	4	17%	0	0%
合计	24	100%	19	100%

由此可见，女生做眼保健操比男生认真。

15．对是否经常躺在床上看书的调查：

数据	男生		女生	
	人数	比例	人数	比例
经常	6	25%	4	21%
偶尔	5	21%	4	21%
从不	13	54%	11	58%
合计	24	100%	19	100%

由此可见，男生和女生都有一部分人喜欢躺在床上看书。

16．对看电视时是否开灯的调查：

数据	男生		女生	
	人数	比例	人数	比例
是	1	4%	4	21%
否	23	96%	15	79%
合计	24	100%	19	100%

由此可见，大部分同学都习惯于关灯看电视。

17. 平时参加运动的情况调查：

数据	男生		女生	
	人数	比例	人数	比例
经常	18	75%	15	79%
不经常	6	25%	4	21%
合计	24	100%	19	100%

由此可见，大家都喜欢平时参加体育运动。

从前面的调查结果我们可以得知：

1. 看书、看电脑多并不意味着近视眼，前提条件是适当科学的休息可以弥补对眼睛的伤害。

2. 男生更喜欢上网，但是男生上网是有节制的，所以，有节制地上网对眼睛的危害不大。

3. 女生玩手机游戏开始时间比男生早，说明在低龄开始接触手机游戏对眼睛的危害大。

4. 更加详细了解预防眼睛近视的方法，并按其执行，可以有效地预防近视眼。所以，知识很重要。

小学生如何预防视力下降调查研究问卷

调查地点：农科院附小分部　　　　　　调查时间：2014 年 ×× 月 ×× 日

1. 您的年级：(　　)

　A. 一年级　B. 二年级　C. 三年级

　D. 四年级　E. 五年级　F. 六年级

2. 您的性别：(　　)

　A. 男　B. 女

3. 您现在的情况（　　）

　A. 不近视　B. 需佩戴 0 ~ 100 度眼镜

　C. 需佩戴 100 ~ 300 度眼镜　D. 需佩戴 300 ~ 600 度眼镜

　E. 需佩戴 600 度以上眼镜

4. 您的父母近视吗？(　　)

　A. 都不近视　B. 爸爸近视　C. 妈妈近视　D. 爸妈都近视

5. 您刚入学时近视吗？(　　)

　A. 近视　B. 不近视

6. 您每天看书的总时间（大概估计即可）(　　)

　A. 0 小时　B. 0 ~ 1 小时　C. 1 ~ 2 小时

　D. 2 ~ 3 小时　E. 3 小时以上

7. 您每天平均盯看电脑的时间大概是（　　）

　A. 0 小时　B. 0 ~ 1 小时　C. 1 ~ 2 小时

　D. 2 ~ 3 小时　E. 3 小时以上

8. 您看书或看电脑时，通常多长时间休息一次？(　　)

　A. 半小时内　B. 1 小时内

　C. 2 小时内　D. 不到眼睛疼的不行了就不休息

9. 您的网龄有多长（　　）

　A. 0　B. 1 年之内　C. 1 ~ 2 年　D. 2 年以上

10. 您上网多长时间休息一次（　　）

　A. 大体上是在自己掌握中

　B. 有时会上瘾，但大多数时还是知道适可而止的

C. 想控制时间，但一旦上网就忘了时间

D. 没时间概念，顺其自然

11. 您从几年级开始玩手机游戏？（ ）

A. 幼儿园 B. 一年级 C. 二年级

D. 三年级 E. 三年级以上

12. 您从几年级开始玩 IPA. D. 游戏？（ ）

A. 幼儿园 B. 一年级 C. 二年级

D. 三年级 E. 三年级以上

13. 您认为造成视力下降的主要原因有哪些？（ ）

A. 看书写字姿势不正确 B. 长时间看电视或用电脑

C. 不注意用眼卫生 D. 先天性近视（遗传）

14. 如果您视力已经变差，那么您对您之前导致视力下降的行为后悔吗？（ ）

A. 不会 B. 有点 C. 非常

15. 您有什么好办法可以预防近视？（ ）

A. 使用正确的看书写字姿势 B. 有节制地看电视或用电脑

C. 不要长时间看书 D. 长时间用眼后做眼保健操

E. 注意用眼卫生 F. 发现视力下降以后及时治疗

16. 您写作业时姿势怎么样？（ ）

A. 很好 B. 一般 C. 很差

17 您做眼保健操认真吗？（ ）

A. 非常认真 B. 偶尔 C. 不认真

18. 您经常躺在床上看书吗？（ ）

A. 经常 B. 偶尔 C. 从不

19. 您看电视时是否把灯关掉？（ ）

A. 是 B. 否

20. 您平时有经常参加的体育项目吗？（ ）

A. 乒乓球 B. 羽毛球 C. 网球 D. 足球

E. 篮球 F. 田径运动 G 其他

21. 您平时运动吗？（ ）

A. 经常 B. 不经常

生活和实践
才是真知的来源

重视环境无小事

“PM2.5”对口罩销售有什么影响的调查研究

我和我的小伙伴们

王家慧是我们组的小组长，她作文好，是写论文的主力。

张欣芮是我们组的摄影师，她会做糕点。

隆牧函是我们组的采访员，她唱歌好。

这是我们的合影

（一）我们的行动

陈老师宣布："金鹏科技论坛"有个小课题研究的活动，要求要有论文、有研究过程的照片、统计图等材料。这个项目对你们来讲很难，需要有家长甚至专家帮忙。你们可以自由分组，各展所长，汇集智慧完成这个任务，希望你们勇于尝试。

我们听了之后都感到新奇，什么是小课题呀？怎么申报课题呢？从哪里着手研究呀？张欣芮、隆牧函、我，我们三个人平时玩得来，自然组成了课题研究小团体。

首先选题这关就煞费脑筋，考虑到目前雾霾天增多，对人们的健康不利，我们很想知道是不是植物对雾霾有吸收和改善作用，所以，我们决定研究"雾霾"对植物的影响，题目就叫"植物的烦恼"。陈老师笑眯眯地把我们的研究内容给孙老师看，说我们班出来一个很新鲜的研究内容。孙老师深思片刻，给我们提出："你们需要准备两批植物，在不同的生存环境里，一批在严重雾霾下，另一批在专业的实验室里，又不能保证每天都有雾霾，而且雾霾的影响又不是几天几月短时间内能看出来的……建议你们转换研究方向。"一番话使我们明白了我们的课题是无结果的，研究不下去的。我们有点灰心，但还是选择了坚持。

后来，我们又想到，穿特殊的服装是不是对雾霾有隔离作用，我们把题目定为"雾霾天穿什么衣服"。无奈妈妈一句话就把我们这个题目毙掉了：大家平时穿什么，雾霾天还是穿什么，无任何变化，也没有专家研究出特效衣服抵御雾霾，航天服我们也穿不起。我们垂头丧气，心想我们还是退出好，不费这劲了，但想起陈老师对我们满怀希望的鼓励——要勇于尝试，我们决定还是撑下去。

对付雾霾就没办法了吗？我们观察到雾霾天戴口罩的人明显增多，我们恍然大悟，戴口罩不是解决雾霾问题最便捷的方式吗？我们这个结论是大家都认可的吗？戴口罩是对付雾霾唯一的方式吗？戴什么样的口罩效果更好？如何清

洗口罩？雾霾天和口罩的销售量有关系吗？一系列的疑问使我们好奇心大增，觉得把“口罩与雾霾的关系”作为研究方向和研究思路。

采访获得数据的过程也是我们很忐忑的，人家会配合吗？不会对我们爱理不理吧？不会因为有商业秘密而告诉我们假数据吧？无论如何我们也得去试。我们商定要问的问题——您认为雾霾天和口罩销售量有影响吗？我们三个分了工，隆牧函负责采访，我负责记录，张欣芮负责照像。我们选择了天作大厦，放学后直奔售卖口罩的货架，看一个阿姨正在整理货物，隆牧函兴冲冲大步上前：“阿姨，您认为雾霾天对口罩销售量有影响吗？”那阿姨头也不抬，不耐烦地说：“没什么影响”。我们顿时觉得心里有点酸，回到隆牧函家，进行反思，我们一致认为我们设置的问题不具体，应该改为“雾霾天口罩销售量是多少”，要具体数据。但想到刚才受到人家的脸子，得更改采访地点了，今天无功而返了。

回到家，我沮丧地和妈妈说了今天研究课题遇到的事，妈妈鼓励我说，要学会解决问题，而且多渠道解决问题。除了现场采访，获得数据的方式多了去了：比如，查一下网店的销售情况，前几天我想给你买“3M”牌子的口罩，全北京都已经缺货了；比如，我们电话询问药店工作的朋友，比你们自己随意采访容易；当然你们也不要放弃直接采访，好人还是有的。

接下来的采访也不是一帆风顺的，除了人家不愿意接待之外，三个人都能有时间聚在一起都是个问题，张欣芮周二周四有长笛、隆牧函周一周三有合唱团、我周五有学校 OM 社团活动。于是，大家难免产生矛盾，隆牧函大怒，冲着我就嚷：“都是你参加那个破 OM 社团闹的。”我也很烦，大家各有各的安排，怎么能把责任推到我这儿呢？

回到家和妈妈说了，妈妈说：“这件事很好解决，妈妈学校门前的大街至“乐天玛特”超市，就有好几个药店，超不过 20 分钟就能解决问题。”我半信半疑，妈妈说：“明天周二，你们放学后，到我办公室集合，我拿上相机，帮助你们完成任务。”那天，我们一连串采访了几个药店，得到了满意的数据，做了记录，拍了照片，高兴而归。

麻烦还有呢，照相机让别人借去用，不慎把我们的照片给删除了，我们都气得咬牙切齿，要想再找个时间集中在一起不容易。后来又是妈妈帮忙，让学校校医穿上白大褂，扮上药店阿姨，安排了药店场景，补拍了一组照片；又利用 5 分钟的时间到校门口的药店跟阿姨商量补照片，阿姨爽快地答应了，好人哪！拍完后，大家各自散去，各忙各的。

接下来就是写论文了，地点设在张欣芮家，感谢欣芮爸妈不厌其烦招待我们，我们在她家聚了好几次，才把论文写出个模样来。爸爸连夜帮着做“柱状图”，使我们的文字更有论文样子。

完成论文后，我们信心大增，想起做课题的过程，充满了艰辛与合作，我们还是感到很欣慰。这次的课题研究，为下次的课题研究任务打下了基础，我们总结了经验，继续努力，下次会更好！

（王家慧）

（二）我们的感想

研究中的点点滴滴

在我们的研究过程中，曾发生过这样的事。

抱有远大志向的我们，坚定自己一定能成功。可是我们的方法似乎并不完美，使得我们异常疲乏，还连累我们的家长一起受累，最后还是扑了一场空。使得家长对我们失去了信任，并不支持我们做小课题。我们对自己也失去了信心，使得我们的小课题进入了一个低谷状态。大家对小课题已经不抱太大希望了，偶尔说想聚一聚也总被家长拒绝，现在只有一句话能形容我们：“想要前进，却没有空间。”大家渴望着哪怕只有一次机会聚在一起、哪怕只录一个数据，可是现实摆在眼前，没有任何空间让我们进步！

经过讨论大家得到了一个满意的结果，大家可以在家里独自研究，最后在计算机教室汇拢成我们的小课题。家长们见我们这么努力，终于同意我们聚在一起做小课题。这使得我们离成功又近了一步……

（课题组成员）

一开始时，我们家长感到，在学习任务最繁重的时候，要挤出业余时间去做一项复杂的课题研究，似乎是面临着许多的问题，同时也不大可能有什么收获。然而，孩子们有乐于发现、自觉探索的这么一种劲头，学校、老师不断引导、鼓励和督促，孩子们多次争取到几家家长的大力配合和帮助。整个过程，孩子们成了主角，她们的眼光里、案头上是自然界、城市乡村的大众行为、现象和规律。断断续续的坚持，小课题组迈过了摆在面前的道道坎坷，交出了较

为像样的答卷。

现在看来，通过这项活动，三个孩子在克服困难、团结协作、活动能力、拓展思维、撰写报告、了解社会等方面得到锻炼和提高；在选取课题、提出问题类别、做问卷、现场提问、计算比例、归纳总结等方面作了有益的尝试。总之，收获是多方面的。

（学生家长：隆亚西）

历时近一年的“金鹏科技论坛”活动已经结束，恭喜孩子们的论文《关于“PM2.5 对口罩销售有什么影响”的调查研究》获得三等奖。

三个孩子从选题、策划、调研，直到撰写成文，无不亲历亲为。课题以街头调查问卷和实地考察为主，辅以查询互联网，有理有据地论证了 PM2.5 和口罩销售之间的关系，从而引发的思考。虽然孩子们的思路还有点稚嫩，文字还有点生涩，但是整篇论文论点明确、论据确凿有力，有图有表，已经具备了一篇科研调查的雏形。连我这个惯于写技术文档的成年人也为之感叹：小小的脑袋里面居然蕴藏着如此大的能量。

传统的管教式教育方式限制了她们的思想，束缚了她们想象的翅膀。恰是此次“金鹏科技论坛”科技活动，给了她们锻炼的机会。她们从中不仅收获了知识，更锻炼了社会活动能力，也使我们家长认意识到——孩子们需要的是陪伴和鼓励的目光。

再次感谢“金鹏科技论坛”，感谢学校老师的培养。

（张欣芮家长）

小课题针对“雾霾”污染已经成为当前社会的关注热点，随之出现了“防 PM2.5 口罩”等新生物，调查研究 PM2.5 对口罩销售产生的影响，对提高全民对 PM2.5 污染危害的重视度及健康意识具有重要的指导意义。本调查能够紧扣当前社会热点和现实问题，针对雾霾天气与口罩销售量的关系，采用街头采访、实地考察和网上查询等多种形式，对此问题展开深入的调查研究。调查过程清晰，调查形式多样，分析结论符合实际，充分体现了团队较强的创新意识和探索精神。

（点评专家：孙巍）

研究报告

关于"PM2.5对口罩销售有什么影响"的调查研究

课题组长：王家慧
课题组员：隆牧函、张欣芮
指导老师：孙恩渠老师、陈爱红老师

摘要

本文针对雾霾天气与口罩销售量的关系，通过街头采访、实地考察和网上查询的形式

关键词：雾霾的影响；口罩销售

一、课题背景

在这个经济、文化、政治飞速发展的社会，人们无时无刻在有意识或无意识的破坏环境加速恶化了我们依赖生存的环境。如果继续这样下去，那么人类最终只有一个结果——走向灭亡。"雾霾"成了当今最热门的话题之一，人们谈"霾"色变，治理雾霾成为当务之急。但是，治"霾"任重道远，当前行之有效的防"霾"方法就是戴口罩。口罩的销售量和"霾"有没有密不可分的关系呢？所以，我们开始了调查。

二、雾霾天气与口罩

1. 雾霾

PM2.5：是指大气中直径≤ 2.5 微米的颗粒物也称为可入肺颗粒物。它的直径还不到人的头发丝粗细的 1/20。虽然 PM2.5 只是地球大气成分中含量很少的组分但它对空气质量和能见度等有重要的影响。2013 年 2 月，全国科学技术名词审定委员会将 PM2.5 的中文名称命名为细颗粒物。细颗粒物的化学成分主要包括有机碳、元素碳、硝酸盐、硫酸盐、铵盐、钠盐等。

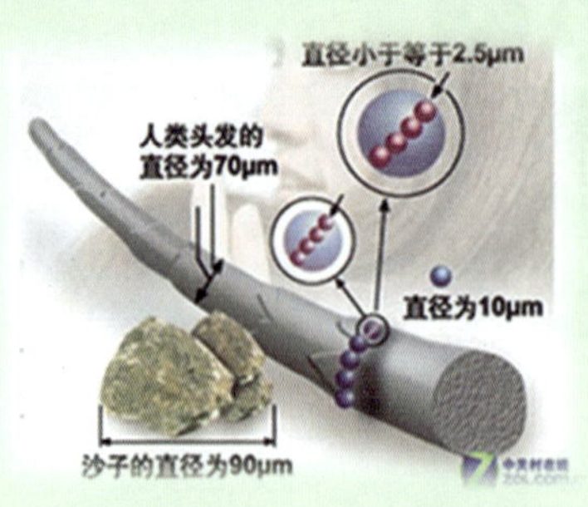

2. 口罩

普通口罩对于 2.5 微米的空气颗粒基本起不到什么作用，要阻挡 PM2.5 需要医用 N95 口罩，其对 0.3 微米的颗粒能抵挡 95%，在 PM2.5 爆表的天气也能起到一定效果。

要购买正规合格、与自己脸型大小匹配的 N95 口罩，取下后要等到里面干燥后对折起来以防呼吸的潮气让口罩滋生细菌。佩戴的时间不宜过长，老年人和心血管疾病的人要避免佩戴，以免呼吸困难导致头昏。

N95 型口罩，是 NIOSH（美国国家职业安全卫生研究所）认证的 9 种防颗粒物口罩中的一种。“N”的意思是不适合油性的颗粒（炒菜产生的油烟就是油性颗粒物，而人说话或咳嗽产生的飞沫不是油性的）；“95”是指，在 NIOSH 标准规定的检测条件下，过滤效率达到 95%。N95 不是特定的产品名称。只要符合 N95 标准，并且通过 NIOSH 审查的产品就可以称为“N95 型口罩”。

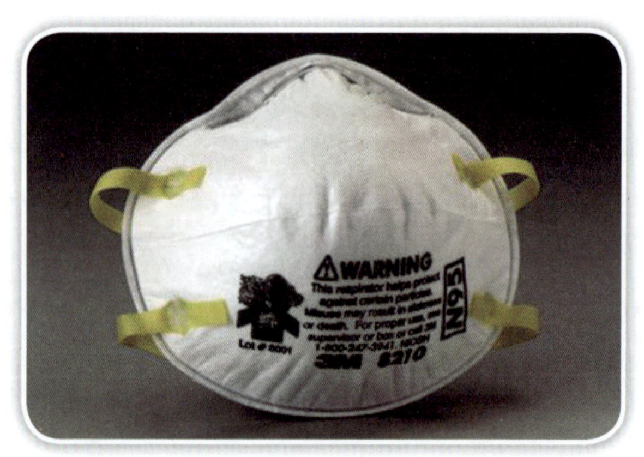

三、调查研究过程

嘉事堂药店采访，阿姨还送我们每个人一个口罩

金药堂大药房——阿姨可真够忙的，边工作边接受我们的采访

我们在博华堂平价医药超市门前合影

1. 街头采访

调查问卷：

（1）你在严重空气污染的情况下买没买过口罩？

A. 买过　B. 没买过

（2）你买的是什么做的？

A. 无纺布　B. 棉布　C. 纸　D. 活性碳 E. 棉纱 ⟶

（3）你买一只口罩用多少天？

A 1　B 2～3　C3～4　D4 以上

（4）你认为口罩销售量和天气有没有关系？

A 有　B 无

结论：95% 的人买过口罩，而且绝大多数买的都是 N95 口罩，因为它阻挡 PM2.5 的效果更好。几乎所有的受访者都表示雾霾天气和口罩销售量有关系。雾霾天气戴口罩是保护健康最便捷方式！

2. 实地考察

经过实地考察，我们发现一些超市、药店在雾霾天 PM2.5 口罩的销售量是平时的好几倍。

3. 我们的采访记录

博华堂药店（有雾霾时的口罩销售）：一天 200 个，有脱销情况。

嘉事堂药店（有雾霾时的口罩销售）：一天 60 个，有脱销情况。

金药堂药店（有雾霾时的口罩销售）：一天 30 个，几乎没有脱销情况。

调查过程及结果：雾霾天气口罩销售量是非雾霾天气口罩销售量的 10 倍，

由此可以看出，口罩销售量和雾霾天气有关系。

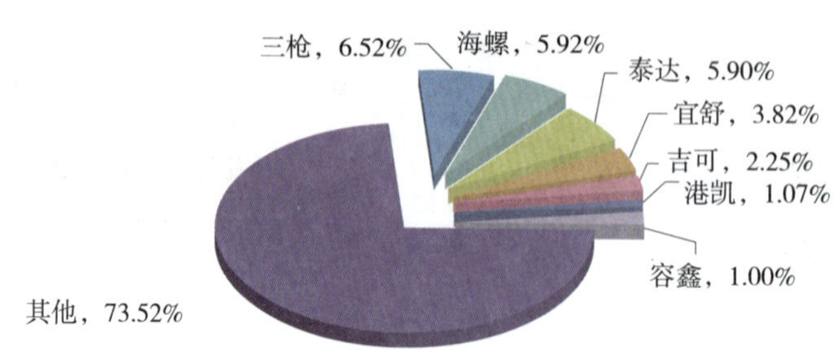

中国口罩产业品牌竞争格局

4. 网上查询

在淘宝上搜索，有颗粒防护功能的N95医用标准口罩，在热门店铺里124元的50片装已卖出360多盒，评价显示多为单位采购；而1元一个的普通棉布防尘口罩，月销量高的单店也有好几百件。不过，最当红的还是打出“PM2.5”字样的口罩。这些“PM2.5口罩”从1元到近百元不等，材质从无纺布到活性炭都有。

据中国抗菌协会专家赵丹青透露，大多数所谓的“PM2.5口罩”都是销售噱头。因为PM2.5指大气中直径小于或等于2.5微米的颗粒物。普通无纺布口罩纤维无法阻隔，而活性炭口罩只对气态有毒有害污染物起作用。遇到重度污染的雾霾天，还是建议减少外出，千万别以为戴上所谓的“PM2.5口罩”就能雾中晨练。

今年，买口罩的人比上一年多了181%，这一年，每个人都快成了气象专家。连日来，我们遭遇重度雾霾天气，一些商家的口罩销量大幅上升，不得不紧急补货，品种多以防雾霾类型口罩为主。

最近阴霾天持续，全国大部分地区都有不同程度的PM2.5污染。不少人外出都开始习惯性戴上口罩，以减少PM2.5的吸入。PM2.5口罩这种平时不被关注的产品开始在这段天气带来的商机里走俏，热门品牌的销售日均能超万只，甚至一度断货。据淘宝数据魔方统计显示，最近30天里，口罩产品的搜索点击次数环比增长了22.09%。其中，最大的赢家是绿盾品牌的口罩，30元左右一只的绿盾PM2.5口罩天猫旗舰店单店周销三万多只，金额过百万,一举奠定绿盾的龙头地位。

网络资料：据记者调查了解，口罩网购搜索最多的地区是北京，成交量超过了总成交的 30%，销量较平时增加了 130%。其中最火热的是一款主打防护 PM2.5 功效的绿盾 PM2.5 口罩。据该口罩生产厂家的统计数据显示，该口罩最近一周内的全国网购量就超过了 6 万个，对线下终端渠道发货量超过 30 万个。线上线下的销售甚至一度出现了断货现象。来自淘宝魔方的数据显示，绿盾天猫旗舰店在同期口罩店铺中销量最多，奠定行业首席之位。

浓浓雾霾遮蔽中国中东部地区，中央气象台将大雾蓝色预警升级到黄色。环保部门的数据则显示，跟随大雾笼罩的范围，从华北到中部乃至黄淮、江南地区，都出现了不同程度的污染和严重污染。各地消费者因此开始选戴口罩。来自淘宝指数的数据显示，从 1 月 11 日开始，关于“PM2.5”的搜索指数出现直线上涨。

16 日上午，记者在多家人民同泰、建国医药连锁等药店的售货柜台看到，PM2.5 口罩分为成人型和儿童型两种，价格在二三十元左右，虽然有货但并不多，有的售货柜台里仅剩一个。工作人员告诉记者，“供暖期即将来临，不少市民为防雾霾提前购买 PM2.5 口罩，最近几天每日最多能卖 10 多个。”

在位于安国街的几家中小型药店里并没有看到 PM2.5 口罩的身影，多数中小型药店工作人员告诉记者，PM2.5 口罩一直没货。在记者走访的药店中，仅有两家药店的工作人员表示，过几日 PM2.5 口罩能到货。

在走访中发现，多数药店都在销售普通口罩、一次性口罩和防尘口罩，这些口罩价格在几元至十几元不等。某医药连锁工作人员告诉记者，“这些口罩价格相对较低，近期由于供暖和降温等原因，销售量明显增加。”

医疗业内人士提醒市民，尽量不要长时间佩戴专业性口罩，否则会因缺氧出现呼吸困难、头晕等不适症状。每次佩戴 3 ~ 4 个小时要定时清洗、消毒，放到太阳下晾晒。

2 月 28 日的淘宝官方数据显示：此前 7 天防护口罩成交人数增长 110%，搜索次数增长 207%，有 21.7 万人购买，成交笔数增长 134.7%；空气净化器成交人数增长 79.6%，有超过 4.6 万台被各地淘宝用户买走。

四、总结

我们经过这次小课题调查得出以下结论。

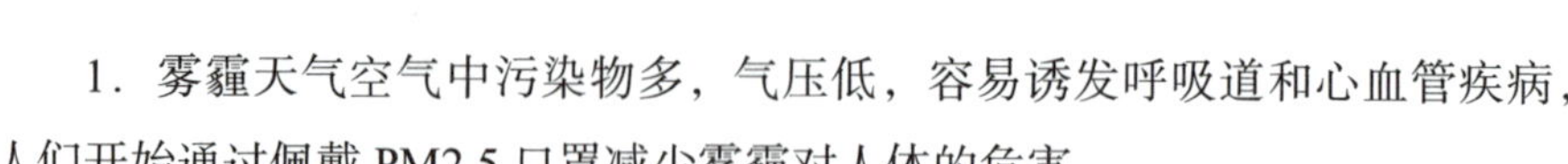

1. 雾霾天气空气中污染物多，气压低，容易诱发呼吸道和心血管疾病，人们开始通过佩戴 PM2.5 口罩减少雾霾对人体的危害。

2. 人们越来越注重自己的健康。

3. 雾霾天口罩的销售量明显要比非雾霾天销售量高出 10 倍之多。

所以，在严重雾霾的情况下口罩销售量会增多！

药店 PM2.5 口罩销售量

序号	药店名称	雾霾天	平时
1	博华堂药店	200	19
2	嘉喜堂药店	60	7
3	金药堂药店	30	4

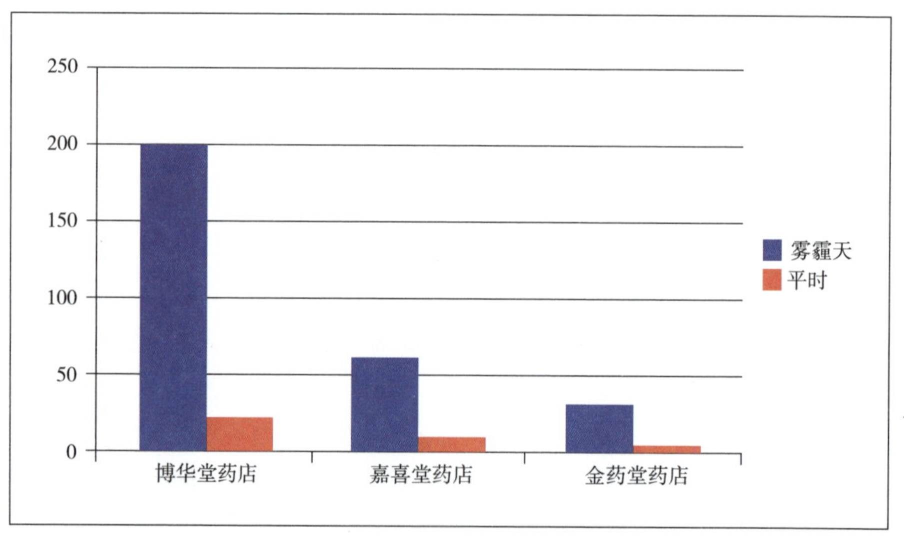

附录：

新的起点：上一轮的小课题研究到10月1日已经结束了，在过来的8个月中，我们快乐过、苦恼过、迷茫过，孩子们经历了选题→课题论证→设计研究路径→调查观察→数据整理→成文的过程。我们取得了一定的成绩。成文七篇，全部参加海淀区的创新科技大赛和金鹏科技大赛。我们成功了。在我们快乐的同时，又进入了新的一轮小课题的研究。

2014.11.5. 今天，我们进行了新一轮小课题的动员，同学们进行了分组，选组长的工作。

战前动员：本次的小课题研究采用的形式依旧是自愿参加，自愿结组，组内成员的人数最多不超过5人，选出组长。

选题：课题的研究方向不限，自主选题，时间从11.5到12.4结束，历时一个月，每位组长领取大事记本。

大事记本的记录方法。

1. 活动时间。　　2. 活动的内容。

3. 活动的目的。　　4. 活动的过程。

5. 活动照片　　6. 每人的反思。

小课题研究计划：

研究背景："大人搞大研究，孩子搞小研究"。小学生的小课题研究，鼓励每个学生自主确定研究方向和选题，自主联系走访、观察调查，自主开展各项实践活动。按照"用科学的、实证的、调查分析的方法，解决现实问题"的科学研究思路，在老师的辅导下，完成课题的总结报告。这种研究的方式，有效地提高了学生的的自强

SUN MON TUE WED THU FRI SAT

自主的意识和创新精神。

研究目标：1.在上一学期小课题研究的基础上，对学生进行更系统的"选题、量表设计、研究路径设计"等专业知识的培训。

2.本着培养学生自主意识、创新精神的主旨，让学生再一次经历小课题研究的过程，享受研究的过程，在这个过程中掌握一些专业的研究知识。

关键词：小学生、合作、创新、分配、小课题。

2014.11.15.

研究过程：1.选题：让学生自11月5日起到12月4日结束，历时一个月，自行选题，题目的类别、领域不限。

2.小课题论证。

小课题研究之课题论证

填写人：＿＿＿＿＿＿ 时间：＿

课题提出者	
课题题目	
是否可行	

SUN MON TUE WED THU FRI SAT

小课题研究的指导心得

如何帮助孩子们选择适合他们研究的小课题。

研究课题的选择是孩子们进行课题研究的第一步，它直接决定着后面的研究是否可以正常的进行。

一、给他们足够的时间，慢慢地等待。（选题）

我给孩子们的选题时间是一个月，在这一个月的时间里要确定自己的课题，并进行初步的文献查询工作。开始他们选题是盲目的，上课说完开始选题，下课就告诉我他们的课题就选好了。

例如：1.选题是研究北京小吃。

北京小吃的包含内容非常丰富，研究的方向如何确定？是研究小吃的种类？还是北京小吃的质量，是研究老字号的还是路边的等等。把这些问题抛给孩子们，就是对他们选题的初步指导，这样可以让孩子们感知选择的难度，也是为了告诉他们研究课题不得太大，要越小越好。

2.家里有个弟弟妹妹怎么办？

这是一个现在青少年重点关注的热点问题。因为在他们的身边有的同学已经有了弟弟妹妹，在他们的心里对这件事情充满了好奇：有个弟弟妹妹是什么心情？父母是爱弟弟妹妹多一些还是爱我多一些？等等。这个选题看似落在了实处，其实不然，有关二胎对青少年心理的影响，对家庭教育投入的影响等等也涵盖的内容非常广泛。

孩子们天马行空的思想总是会出乎我们的意料，但我们不能为了害怕这种"意料之外"就阻止孩子们的思维，因为他们只有敢想，才会敢做，他们才会有创新，才会展示给我们不一样的精彩。

二、选题的过程。

SUN MON TUE WED THU FRI SAT

选题的过程是个痛苦的过程。在这个过程中，孩子们要经历几次甚至几十次的选题—>课题论证—>放弃的过程。在这个过程中他们的心理也就可能会承受几次甚至几十次的找到课题的兴奋—>论证的紧张—>放弃后的沮丧。这是对孩子们心理素质的绝好的锻炼机会。在这个时候一定要狠下心来，对他们的选题老师不要有一点点的导向作用，否则你看到的结果就是会有80%的孩子的选题与你的导向有关。

例如：在选题的初期，我给孩子们介绍了这样的一个课题："农科附小的校服设计不合理。"并让他们观看了这组同学的服装设计图，很美的那种。没过多长时间，在孩子们的选题里就出现了：

1. 校服的面料不适合青少年

2. 校服的款式太老气，不适合青少年

3. 我们喜欢的校服款式等等。

也有的小组为了避免自己的选题被老师和同学在论证的过程中淘汰，就不告诉老师，也不让全班进行论证，自认为这个课题很有研究的意义和价值，自做主张地开始进行实际调查研究，其实他们的调查目的不明确，所以就会导致问卷的设计不合理，在问卷中反映不出他们感兴趣的内容，但不改研究路径，依旧不停的改调查问卷，一变又一变的搜集他们认为的所谓的数据，最后自己不得不放弃。

在这个过程中，我的作用是：看似他们是在做无用

1. 不能武断的去停止孩子这种行为。在这个过程中，孩子们其实是在不停的积累经验，他们的抗击打的能力会逐渐的变强，他们的总结—实践—再总结—再实践的能力会变强，这是孩子们在课堂上学不到的知识，也是我们老师不可能教会他们的，是家长们不舍得让他们承受的痛苦，但是他们走向社会又必须经历的。

SUN MON TUE WED THU FRI SAT

2. 做孩子的知心朋友，贴心人。看着他们痛苦的经历这个过程，老师的心里也是真的不好受，每次我都有告诉他们停下来，不要做无用功的冲动。但我都会忍下来，如果我做了，孩子们是轻松了，这是对孩子好吗？不，不是这样的，孩子的成长值得我们等待。我会耐心的去听他们的痛苦叙述，在精神上支持他们，但决不左右他们的思维。

例如：有一个组的小课题首先定位于：PM2.5对花有哪些影响。题目确定以后，成员们是信心满满，认为这个题目与现在的社会问题贴的很近，而且大家对这个话题都非常感兴趣，对我们的生活有很大的影响，所以这个问题是值得研究的。在课题论证的时候我问了她们几个问题：

a. PM2.5对花的影响你们打算怎么研究？

答：来回的PM2.5对花到底有什么影响，例如，PM2.5 100时，PM2.5 200时，PM2.5 300等等。

b. 你们如何保证这颗花是种在PM2.5 100的环境里？

c. 每天的PM2.5都是不一样的，你们怎么办？

通过论证，孩子们发现，如果研究这个课题她们需要一个专业的实验室，不是她们现有的能力所能达到的。经过反复的开会和讨论，这个课题放弃。进入第二轮的选题阶段。中间又选了一个题目“PM2.5对人们的着装有没有影响”这个题目最后也被弃了，因为这些问题都没有落在实处，是飘的。经过一个月的时间，她们的课题终于落地了“PM2.5对口罩的销售有哪些影响”

3. 调动家长的资源，为孩子们所选择的课题进行专家论证。

经过一个月的等待，每个组的课题都新鲜出炉了，并且已经经过了班里同学们的论证。但这些课题的社会意义是什么，到底值不值得研

SUN MON TUE WED THU FRI SAT

究。研究的方向是什么？这就需要专家的肯定和指导。所以要为他们准备有目的的专家讲座。让孩子们与专家面对面。针对每一个课题，专家都要给出细致的指导，使每一个课题都有明确的研究方向。为进入下一个环节做准备。

专家的指导，给孩子们的研究课题的选择起到了决定性的作用。孩子们所提的问题也是逐渐的趋于专业化。

1. 每位家长对于二胎的问题都有自己的想法，我也是家庭的一员，弟弟妹妹对我的影响是最大的，为什么没有人征求我的意见？

2. 现在独生子女的教育开销是每个家庭的重中之重，如果有了弟弟妹妹，家长可以保证他们所受的教育与我们相同吗？

3. 如果有了弟弟妹妹，家长是否可以做到公正的对待每一个孩子，如果不能，是否对我们的心理发展会有影响？会有什么样的影响？

二、确定研究方向，进行文献查询。

1. 搜索引擎：Google，百度……　专业数据库：中国知网、万方、Sinomed……
2. 利用百库文库、上海公共研发平台。
3. 检阅文献。
4. 下载文献。
5. 选取有用内容摘抄。

实验手记一

我爱土豆，特别爱吃妈妈做的炒土豆丝。我还爱吃土豆泥、土豆条，超市薯片也是我的最爱。我出生在荷兰，爸爸给我取了一个“土豆名”——Nicola。哈哈！Nicola是荷兰土豆其中一个品种的名称。

土豆有什么特点？

土豆，中文学名马铃薯。高15－80厘米，无毛或被疏柔毛。茎分地上茎和地下茎两部分。土豆是中国五大主食之一，其营养价值高、适应力强、产量大，是全球第三大重要的粮食作物。

土豆有哪些营养价值？

首先，它的钾镁含量高于精白米和精白面粉，是一种呈碱性食品。而所有的精白米面都让人体质偏酸。其次，土豆的蛋白质质量高。第三，土豆含有维生素C。第四，土豆含有膳食纤维，不会刺激肠胃。

小贴示：从食品安全角度来说，土豆不是一种好的零食。原来，土豆高温加热之后，特别容易形成"丙烯酰胺"类有毒物质，所以：食用土豆类脆片、油炸片、薯条之类零食都要格外小心，每天不要超过25克。

土豆（马铃薯）有哪些常见病？

晚疫病：受害叶初在叶尖或叶缘处生水渍状暗绿色斑点，潮湿时病斑迅速扩展，病健交界处不明显，叶背病斑边缘生一圈白色霉层。块茎染病，初生褐色或紫褐色凹陷病斑。

早疫病：主要为害叶、叶柄和块茎。受害叶剩黑褐色，严重时病叶变褐枯死。

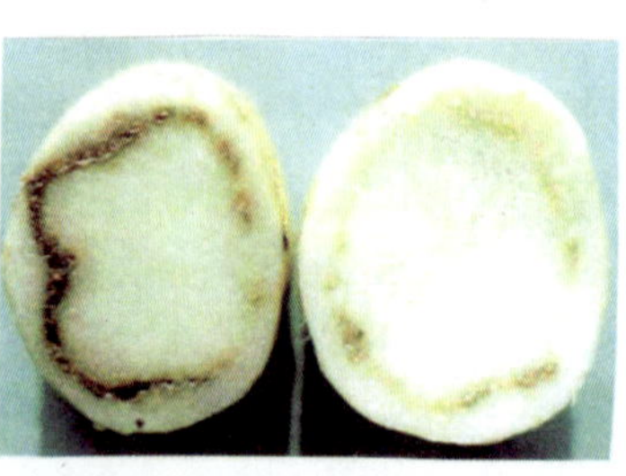

环腐病：植株发病后，初期地上部逐渐萎蔫，叶片向内卷曲，似缺水状，后植株慢慢枯死。

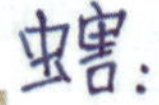

虫害：

小地老虎幼虫

1. 地老虎
2. 瓢虫
3. 蚜虫
4. 块茎蛾等

生长环境：

土豆性喜冷凉，是喜欢低温的作物。其他下薯块形成和生长需要疏松透气、凉爽湿润的土壤环境块茎生长的适温是16～18°C，当地温高于25°C时，块茎停止生长；茎叶生长的适温是15～25°C，超过39°C停止生长。

栽培技术：

用块茎繁殖，把土豆按芽眼切成块状，3月份或9月份播种，大概三个月可以成熟。

注意事项：①适时早播：要适时早整地施肥播种，使土豆的整个生育期处于相对冷凉、气温较低的季节。②注意培土厚度一般培土厚度不低于12厘米。覆土太薄，地温变化剧烈，匍匐茎易窜出地面。

生病的土豆
马铃薯病害会导致产量降低，品质下降。
PK
健康的土豆
健康的土豆一般呈椭圆形，体大，形正并整齐均匀，皮面光滑而不过厚，有芽眼。
芽眼较浅而便于剥皮，皮有红、黄、白或紫色，肉有白色和黄色，肉质细腻，味道纯正。

体积大、重量偏重，使得贮藏、运输成本大（一般种薯直径为3～3.5cm）。

病害风险：常见的晚疫病、早疫病、环腐病等病害导致品质差、产量低。

体积小、重量轻（直径一般为2～10mm）

无病害风险：试管薯杜绝了外来病菌的再次侵染，贮藏、运输、种植方便。

为什么要生产试管薯？

马铃薯是世界上主要粮食和蔬菜兼用作物之一，以无性繁殖为主，马铃薯“退化”、病虫害等问题导致产量和质量的下降。

马铃薯试管薯是指在培养瓶内通过诱导，于试管苗腋间形成的直径为2~10mm大小的块茎。试管薯不仅具有试管苗的所有优点，而且由于体积小、重量轻，繁殖期间杜绝了外来病菌的再次侵染，贮藏、运输、种植方便。马铃薯试管薯的诱导与生产，对于马铃薯种质保存、种子交换、脱毒苗繁殖等方面都有重要意义。

为什么要在黑暗条件下生产试管薯？

黑暗能促进微型薯的形成。黑暗处理有利于匍匐茎的发生，短日照有利于试管薯的膨大。全黑暗条件对试管薯形成、结薯数量和平均鲜重具有极显著的促进作用。马铃薯试管薯的形成受很多因素影响，如基因型、试管苗健壮程度、矿质营养、碳源、外源激素、植物生长延缓剂及环境因素等，但众多试验的光周期水平较少或光照强度过大，其结果均不能尽人意。如何通过低光强和多水平的光周期系统研究，进一步探讨光照强度和光周期对试管薯的诱导效应，无论在理论和实践上都有积极的意义

为什么在培养基中用8%的蔗糖？

蔗糖=葡萄糖+果糖

植物组织细胞利用的能源物质是蔗糖，种子萌发时是以麦芽糖来运输，其它植物组织细胞间大都是以蔗糖来运输，进入植物细胞后再分解利用。在组织培养中加入蔗糖，经熬煮和高压灭菌后就会分解成植物能够吸收的葡萄糖和果糖形式。

什么是植物细胞的全能性？

指植物的每个细胞都包含着该物种的全部遗传信息，在适宜条件下，任何一个细胞都可以发育成一个新个体。植物细胞全能性是植物组织培养的理论基础。

试管薯诱导过程观察与操作实验

实验目的：

通过观察马铃薯试管薯诱导过程，了解植物组培和器官发育一般规律，积累植物学知识，并对科学实验的原理和方法产生认识。

实验材料：

中薯3号马铃薯品种，由中国农业科学院蔬菜花卉研究所育成。

操作环境：

超净工作台

实验用具：剪刀、镊子、支架、酒精灯、滤纸(无菌)、液体培养基(无菌)、酒精棉球等

操作步骤：

1. 用75%酒精棉将双手进行消毒(注：手彻底干燥才能进入工作台。

2. 将剪子、镊子类工具进行消毒、灭菌。

3、点燃酒精灯。

4、用酒精棉球对支架进行消毒。

5、烧完后将工具逐一放在支架上。
6、等到镊子、剪刀凉透以后，才能进行下一步。
7、用镊子夹取一张无菌滤纸
8、用镊子从培养基中轻轻地取出幼苗。
9、将幼苗从腋芽处剪断，剪出30－40个（含腋芽），放在无菌滤纸上。

腋芽：侧芽的一种，特指从叶腋所出生的定芽。

10、用镊子将腋段放在培养基中（尽量不要让镊子碰到培养基，保持无菌状态）

实验手记二

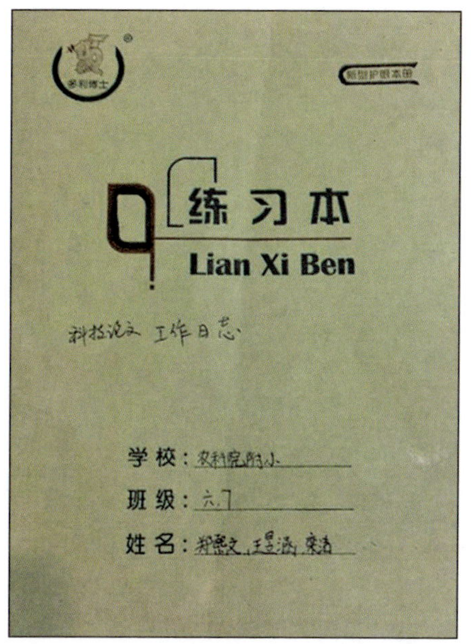

No. D

2014年6月13日学校
郑熙文 王昱涵 來洁

课题小组开展讨论，有三个选题
①关注空巢老人
②研究飞机降落问题
③农畜产品质量问题

三人同意选定第三个课题

2014年6月28日 王昱涵家
來洁 王昱涵 郑熙文

调查方法的确定
1）调查范围海淀区
2）农牧产品种类 猪肉，鸡肉，鸡蛋
3）方法：实验室实验
4）检验的项目，国家禁用药物

调研的目的：1：海淀区农产品有没有质量问题？
2：超市和农贸市场哪儿的好？

No. Date

2014年 6月28日 王昱涵家
來洁 王昱涵 郑熙文

搜集资料
上网搜索农业部、百度文库及其他新闻媒体关于农产品问题的报道，学习相关文章、文献，了解基础知识。

了解金刚烷胺和硝基呋喃类药物的基础知识及对人类的危害。

了解药物的检测方法。

农产品质量问题关系到千家万户，一定要加强检测。

感想：今天搜到"肯德基"的鸡肉中居然有金刚烷胺，以后不敢吃了！

No. Date

2014年7月4日 栗洁家

郑熙文 王昱涵 栗洁

在海淀区确定6个采样点，其中超市4个，农贸市场2个

1、沃尔玛超市（知春路店）

2、统一优玛特超市（永定路店）

3、卜蜂莲花超市（金源店）

4、美廉美超市（西旺商场店）

5、明光寺农副产品综合批发市场

6、北京上庄永乡农贸市场

每个采样点取样2～3份，肉类每份500克，鸡蛋每份6～7个

按照地理位置，争取覆盖海淀区。

No. Date

2014年7月5日

栗洁 郑熙文 王昱涵

调查小组成员赴海淀区六处采样点，完成了37份样品采样工作。

1）猪肉12份 制作猪肉样品采集信息登记表

2）鸡蛋12份 制作鸡蛋样品采集信息登记表

3）鸡肉13份 制作鸡肉样品采集信息登记表

感想：今天走了6个地方，好累呀！超市东西真多，都看花眼了。好不容易买到了。

No. Date

2014年7月6日 中国农业科学院质标所实验室

栗洁、王昱涵、郑熙文

实验过程 （检测金刚烷胺）

1）鸡蛋去壳搅碎。

2）用乙酸乙腈提取2次。

3）用正己烷10毫升去脂、净化。

4）40℃水浴下旋转蒸干，用甲醇溶解、净化。

5）取上清液过滤后待检。

感想：科学实验过程好复杂，一定要认真对待！

No. Date

2014年7月12日、13日 中国农业科学院质标所实验室

郑熙文 王昱涵 栗洁

实验过程 （检测金刚烷胺）

1）猪肉鸡肉称重2克，用乙酸乙腈超声提取两次

2）用正己烷去脂，净化。

3）40℃水浴下旋转蒸干，用甲醇溶解，净化。

4）取上清液过滤后待检

实验过程 （检测硝基呋喃）

1）称取样品2克，加水1毫升和甲醇8毫升。

2）涡旋5分钟，离心10分钟，用甲醇、乙醇和乙醚洗涤。

3）加入标准工作液、盐酸，37度避光水域放置约16小时

4）加入乙酸乙酯，提取。

5）用氮气吹干，用甲醇溶解，过滤后待检。

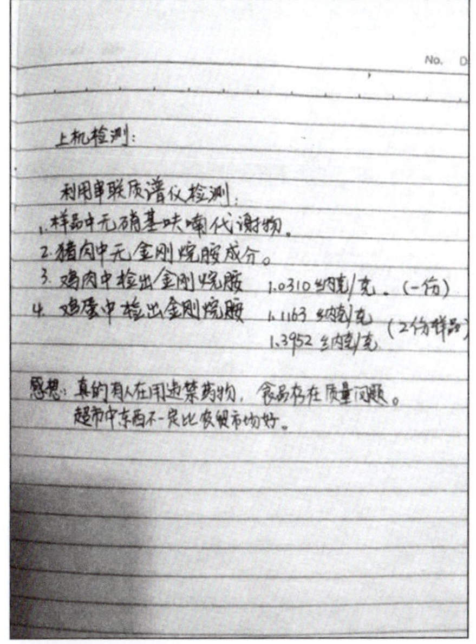

No.

上机检测：

利用串联质谱仪检测：

1. 样品中无硝基呋喃代谢物。
2. 猪肉中无金刚烷胺成分。
3. 鸡肉中检出金刚烷胺 1.0310 纳克/克。（一份）
4. 鸡蛋中检出金刚烷胺 1.1163 纳克/克、1.3952 纳克/克（2份样品）

感想：真的有人在用违禁药物，食品存在质量问题。
超市中东西不一定比农贸市场好。

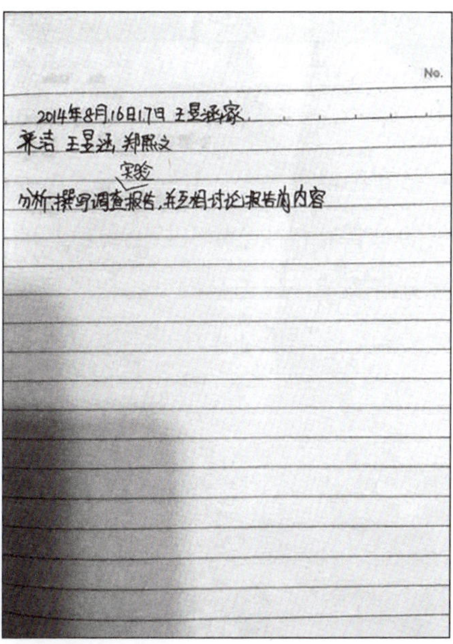

No.

2014年8月16日17日 王昱涵家

张浩 王昱涵 郑熙文

分析实验、撰写调查报告，并互相讨论报告的内容

学校的多元化课程提升每一个学生的核心素养

我校根据学生成长规律及学生发展的核心素养，把对学生德智体美全面发展的总要求和社会主义核心价值观的有关内容具体化、细化，并把“四会”目标分解实施，建构基础型、拓展型、创新型课程模块，突出强调个人修养、社会关爱、家国情怀，注重学生自主发展、合作参与、创新实践的课程序列。

学校生长课程体系结构图

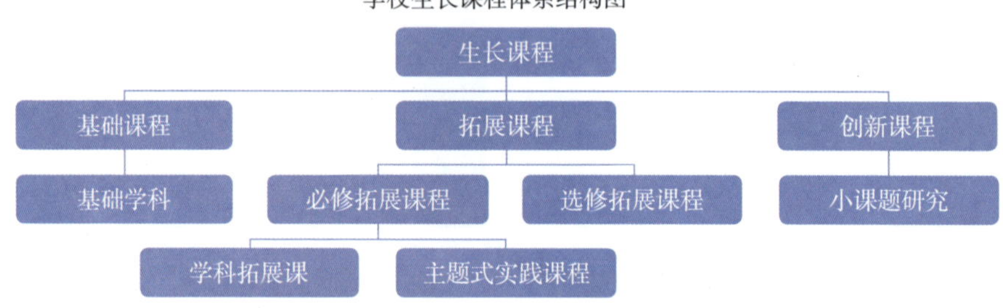

1. 拓展课程

拓展课程是对基础课程的补充和延展，结合学校的育人目标，在关注学生个性特长和兴趣爱好的基础上，把拓展课程分为必修和选修两部分。

<table>
<tr><td rowspan="4">拓展课程</td><td rowspan="2">必修</td><td>学科拓展课程（1～3 年级）</td><td>● 形体课
● 舞蹈课
● 典范英语课</td></tr>
<tr><td>主题式实践课程（1～6 年级）</td><td>● 冬之歌
● 我长大了
● 感恩</td></tr>
<tr><td rowspan="2">选修</td><td>学科拓展课程</td><td>● 语言类
● 逻辑思维类
● 身体运动类
● 音乐智能类
● 科学类
● 生活类
● 空间想象类</td></tr>
<tr><td>综合拓展课程</td><td>● 微电影
● 毛毛虫
● 电声乐队</td></tr>
</table>

选修课管理-选修课报名查询

查询方式 科目　学期 14-15第一学期

刷 新　打印列表

选修科目				
14-15-4棒针编织 11/18	14-15-4食全食美 18/18	14-15-4儿童电影欣赏 18/18	14-15-4葫芦丝 18/18	14-15-4儿童瑜伽 18/18
14-15-4啦啦操+街舞 17/18	14-15-4中国象棋 18/18	14-15-4乒乓球 18/18	14-15-4法国之旅 18/18	14-15-4儿童影视歌曲 8/18
14-15-4十字绣 14/18	14-15-4折纸 18/18	14-15-4工笔画 18/18	14-15-4电子报刊制作 18/18	14-15-4思维魔法游戏 18/18
14-15-4数独 16/18	14-15-4数学小讲堂 13/18	14-15-4小小理财家 18/18	14-15-4衍纸工作坊 15/18	14-15-4串珠子 18/18
14-15-4软笔书法 18/18	14-15-4英美文化之旅 13/18	14-15-3美文欣赏 8/28	14-15-3手工编织 27/27	14-15-3阿拉蕾下午茶 20/20
14-15-3体育游戏 28/28	14-15-3剪纸坊 27/27	14-15-3卡通动漫 28/28	14-15-3英语戏剧社 21/24	14-15-3科学游戏 27/27
14-15-3数学游戏 28/28	14-15-3数独 28/28	14-15-3软笔书法 28/28	14-15-3酷玩-魔术 25/25	14-15-3日语 28/28
14-15-3玩转魔方 28/28	14-15-3儿童音乐剧 28/28	14-15-1折纸 23/23	14-15-1科学游戏 24/24	14-15-1硬笔书法 24/24
14-15-1毛毛虫 22/22	14-15-1儿童剪纸 23/23	14-15-1走进舞蹈1 20/20	14-15-1体育游戏王 25/25	14-15-1走进舞蹈2 20/20
14-15-1跳绳 22/24	14-15-1数学小实验 23/23	14-15-1音乐游戏 24/24	14-15-1故事大王 20/20	14-15-1绘本阅读与创作 23/23
14-15-1英语歌曲歌谣 24/24	14-15-1创意彩泥 24/24	14-15-1摇摇吧 20/23	14-15-1体育游戏 20/20	14-15-1小小戏剧社 23/23
14-15-1手工制作 23/23	14-15-1小小书虫 24/25	14-15-1数学游戏 25/25		

目前，拓展课程不仅有学校教师自主研发的拓展类课程一百多门，涉及 8 个领域，还有学校根据不同年龄学生应具备的各种素养，自上而下研发的素质类课程，还有 30 多门家长研发的课程。

2. 创新型课程

结合学校的四会之一“学会创新”，我们设置了创新型课程，其课程目标定位在激发学生的创新意识、培养创新思维和能力。如 4 ~ 6 年级的小课题研究，学生在老师的指导下，以小组合作形式，根据各自的兴趣、爱好和条件，选择和确定不同的研究题目，确定研究方法，自主开展研究，解决实际问题。

2014 年（下）学生小课题研究一览表

分类	项目名称
健康话题	这个“作业”，你做了吗？
	我校 4 ~ 5 年级同学口腔健康行为的调查分析
生活话题	马铃薯试管薯的诱导过程观察研究
	不同饮用水的电导率比较及其对蔬菜种子萌发的影响
	竹蜻蜓式伞翼缓降水火箭的研究
	动漫对青少年成长的影响
学校话题	小学生是否该报补习班
	小学生午餐浪费情况调查
	学习成绩的依赖——课外班
	思维导图的实用性和作用
社会话题	海淀区主要超市及农贸市场猪肉、鸡肉和鸡蛋质量状况研究
	公园厕所合理坑位数的计算

后　记

《研究·我也行》这本书，是我校第一本以学生视角出版的图书，从选题到内容，从编辑到出版发行，每一步都是在学生充分参与的基础上成形的。书名在全校进行了征集，最终，选择了一位四年级同学推荐的书名。书的内容是来自 30 多位六年级同学的小课题研究论文和研究中的小故事。

作为一名教育工作者，我们非常希望看到自己的学生能够更多地展现出自己的风采，敢于发出自己的“声音”，在今后的学习生活中更加自信。这就需要我们放开手，给他们创造自己去研究问题的机会，支持并帮助他们去做自己喜欢的事情，发表自己的见解。

诚然，科学的研究是严谨而复杂的，这些孩子们也是遵循着这样的方式去实践的。这种科学研究的经历将会给他们带来全新的体验：他们的学习方式将不再是被动地接受，而是主动地探索；他们学习的灵感不是源于老师的要求，而是起源于自己的疑问和兴趣；他们的学习内容不再是枯燥的课本和习题，而是多姿多彩而又复杂的社会生活；他们的思维方式不再是脱离生活的需求，而是积极地实践和探索。小课题研究让他们懂得了生活和实践才是知识的来源，而学习的终极目的是能熟练地运用于生活。在这个过程中，他们经受了一次创新思维的洗礼，让他们懂得了，学会创造才能让未来的生活更美好。孩子们在研究过程中，当然会遇到很多困难，但是他们不是为了研究而研究。要知道，遭遇困难也是学习的另一种形式，在不断地挫折中，他们坚持了一年多的小课题研究，或许，他们之间从没人在一个问题上思考研究过如此长的时间，投入如此多的关注。当前，《中共中央和国务院关于深化素质教育改革的决定》给基础教育课程改革提出了明确的方向，就是要以培养学生的创新能力和社会实践能力为重心。本书的构思就在于通过学生讲述自己的故事，告诉我们他们如何在“课题研究”这种形式下，如何发展起创新能力和实践能力。

联合国教科文组织在《教育——财富蕴藏其中》报告中指出，终身教育的支柱之一就是要让学生“学会共同生活”，这一理念得到了广泛的认可，并逐渐渗透到各国的教育改革中，成为学校教育关注的目标之一。我国 2001 年颁布的《基础教育课程改革纲要》就提出要培养学生主动参与、交流合作的能力，而孩子们在参与小课题研究的过程中正体现着这些能力的学习。研究过程中，需要沟通和小组内部的协调，在遇到困难时，孩子们需要寻求教师和家长的帮助，需要与成人的合作。在于同伴、成人的合作中彼此学习和分享，整个研究的过程都需要孩子们密切的沟通，这种过程对孩子本身就是一种收获，在合作的过程中，有助于构建良好的同学关系、亲子关系和师生关系。

此外，让孩子通过研究感受到做任何事情都不是一帆风顺的，都需要克服困难的勇气，百折不挠、锲而不舍的精神，让孩子们在研究中体验，在体验中不断获得自信，本书正是致力于启发学生通过小课题研究，通过他们身边的鲜活实例，学会合作和创新。

中国农业科学院附属小学校长 刘芳

中国农业科学院附属小学

点评专家简介

刘蓉蓉

植物学专业博士，副研究员，主要研究领域为植物生物技术、农业科技管理。

孙 巍

图书情报学博士，副研究员。主要从事知识组织、数据挖掘与可视化研究。

王 丹

信息管理专业，副研究员。长期从事农业网站规划、农业信息管理与服务等领域研究。

孙君茂

农业经济管理专业，管理学博士，研究员，现任国家食物与营养咨询委员会办公室主任，农业部食物与营养发展研究所所长助理，战略研究室主任。主要从事农业、食物与营养等宏观战略研究。

徐海泉

营养学博士，农业部食物与营养发展研究所，主要研究方向①学生营养②食物营养与健康③食物与营养发展战略。

王秀丽

社会学博士，副研究员，主要从事食物与营养等宏观战略、食物营养社会学研究。